AF144821

Hartwig Sendner

Bekenntnis eines Klimaleugners

novum pocket

© 2024 novum Verlag

ISBN 978-3-903468-86-3
Umschlagabbildung:
Topvectorr I Dreamstime.com
Umschlaggestaltung, Layout & Satz:
novum Verlag
Innenabbildungen: Hartwig Sendner,
IPCC 2013: Climate change 2013:
The Physical Science Basis. Contri-
bution of Working group I to the
fifth Assessment Report of the
Intergovernmental Panel on Climate
Change (Stocker, T.F., D. Qin; G.-K.
Plattner, M.Tignor, S.K. Allen, J. Bo-
schung, A. Nauels, , Y Xia; V. Bex,
and P.M. Midgley(eds)), Cambridge
University Press, United Kingdom
and New York, NY, USA
Autorenfoto: Hartwig Sendner

www.novumverlag.com

Bibliografische Information
der Deutschen Nationalbibliothek:

Die Deutsche Nationalbibliothek
verzeichnet diese Publikation in der
Deutschen Nationalbibliografie.
Detaillierte bibliografische Daten
sind im Internet über
http://www.d-nb.de abrufbar.

Druckprodukt mit finanziellem
Klimabeitrag
ClimatePartner.com/16547-2311-1001

Mein besonderer Dank gilt meiner Frau Evelyn,
ohne deren Hilfe und Geduld dieses Buch
nie erschienen wäre

.

Inhaltsverzeichnis

Vorwort   9

Einleitung   10

Kapitel 1: Erneuerbare Energie oder
           „Kreislaufwirtschaft der Energie"   11

Kapitel 2: Die Klima-Katastrophe   20

Kapitel 3: Der IPCC-Report Erster Teil   26

Kapitel 4: Der IPCC-Report Technische
           Zusammenfassung   41

Kapitel 5: Der IPCC-Report
           Meine Zusammenfassung   134

Kapitel 6: Das Klimagift CO2   141

Kapitel 7: Freispruch für CO2   156

Anhang   162

Vorwort

Warum habe ich eigentlich dieses Buch geschrieben? Wenn ich es selbstkritisch betrachte, bin ich natürlich auch ein bisschen eitel, und es hat doch was, wenn man „ein Buch sein Eigen nennen" kann. Auf der anderen Seite: Da ich über eine Materie schreibe, die für viele nicht so interessant ist, werden es nicht so viele zu Gesicht bekommen, und damit relativiert sich das mit der Eitelkeit und dem Stolz schon wieder. Denn es ist auch eine Plage sich wochenlang zu konzentrieren, und an fast nichts anderes zu denken, als das dieses geistige Baby seinem Schöpfer auch einigermaßen gelingt. Aber ich fühle auch Dankbarkeit gegenüber meinem Land, das mir es ermöglicht hat eine gute Bildung zu erhalten, ein Studium gratis zu absolvieren und ein angenehmes Leben zu führen. Deswegen denke ich, dass ich meinem Land etwas schuldig bin und zumindest meine Meinung zu Gehör bringen sollte, wenn ich denke, dass es im Moment nicht ganz so gut läuft.

Ich glaube, Deutschland wird aktuell in unkalkulierbare Schwierigkeiten manövriert, und deshalb möchte ich dazu beitragen, unser Land wieder in friedlichere Gefilde zu steuern.

Einleitung

Ich bekenne, dass ich ein unverbesserlicher Befürworter des Glaubens an die Wissenschaft bin. Ich habe den Leuten geglaubt, als sie den „katastrophalen menschengemachten Klimawandel" ausgerufen hatten. Im Nachklang muss ich wohl erkennen, dass ich wohl etwas vorsichtiger mit meinem Glauben hätte sein sollen, und dafür aber etwas länger nachdenken. Aber man muss auch zu seinen Fehlern stehen.

Konnte ich denn wissen, dass diese Leute, sagen wir' s mal vorsichtig, den Boden der seriösen Wissenschaft zumindest schon ein wenig verlassen hatten? Das Lied von Reinhard Mey („Weil ich ein Meteorologe bin", 1975) hätte mich schon damals belehren können, dass man Meteorologen nicht so ohne Weiteres trauen darf. Aber was soll ich sagen, ich war damals total überzeugt, dass von der Wissenschaft nur Seriöses kommt. Ich dachte, das sind tolle Leute, die da was ganz Besonderes rausgefunden haben. Leider muss ich mich jetzt selbst korrigieren. Ich habe mich geirrt. Eigentlich bin ich vom Klima-Paulus zum Klima-Saulus geworden. Mehr dazu im Folgenden.

Kapitel 1
Erneuerbare Energie oder
„Kreislaufwirtschaft der Energie"

Aufgrund der Tatsache, dass ich mich Zeit meines Berufslebens mit Physik und Chemie beschäftigt habe, beschloss ich damals, ungefähr 2006, mich mit der Materie des Klimawandels und dem bösen CO_2 zu beschäftigen. Auslöser damals war eine Preissteigerung des Rohölpreises auf bis zu 148$/Barrel, die dazu führte dass der Benzinpreis sehr stark anstieg. Aber nicht nur der. Auch das Rohmaterial, das damals in der Chemie-Anlage in der ich arbeitete, gebraucht wurde, verteuerte sich drastisch. Während einer Mittagspause diskutierte ich mit meinem Kollegen Dirk W. diesen Sachverhalt, und was man dagegen tun könnte, bzw. was denn da noch Schlimmeres auf uns zukommt.

Der Gedanke ließ mich nicht mehr los und ich begann, angeregt durch die Diskussion, darüber nachzudenken, was man denn anstelle von Rohöl als Energieträger nutzen könnte, und dabei gleichzeitig der Natur möglichst wenig zu schaden! Offensichtlich musste man einen relativ einfachen Stoff in Betracht ziehen, um Erdöl zu ersetzen, denn man muss auch an die Kosten denken. Durch meinen Beruf hatte ich da einen ganz guten Überblick.

Meine Wahl fiel auf: METHANOL.

Eines der einfachsten Moleküle. Man kann Methanol aus Wasserstoff und CO_2 herstellen, mehr braucht es nicht! Wasserstoff kann man mithilfe der Elektrolyse herstellen, indem man Wasser mit Gleichstrom in Wasserstoff und Sauerstoff zerlegt; und da ja Wasser ausreichend zur Verfügung steht, braucht man nur genügend preiswerten Strom. CO_2 entsteht überall dort, wo Verbrennung stattfindet und muss nur eingesammelt werden. Also mithilfe dieser beiden Dinge, CO_2 und elektrischer Strom, kann man Methanol herstellen.

Strom kann mithilfe von Sonne (Solartechnologie) oder auch Windenergie erzeugt werden. Natürlich muss man diese beiden Prinzipien, Solar- und Windenergie, auch dort anwenden, wo die größten „Ernte-Erträge" zu erwarten sind. Also Solarstrom in den Wüstengebieten dieser Erde, Windenergie dort wo er am stetigsten bläst. Das müsste in einen bezahlbaren Weg einer „Kreislaufwirtschaft der Energie" für den gesamten Planeten führen. Warum „Kreislaufwirtschaft der Energie"?

Man kann das Methanol, so wie heute Erdöl, leicht verbrennen. Dadurch kann man Kraftwerke betreiben. Dies hat den Vorteil, dass dieser Strom zuverlässig 24 Stunden am Tag und 365 Tage im Jahr zur Verfügung steht. Man kann damit sein Auto betanken, sogar Flugzeuge und Schiffe antreiben, Chemie betreiben, ... usw.

Beim Verbrennen von Methanol entsteht wieder Wasser und CO_2, also die Ausgangsmaterialien, die man zur Herstellung des Methanols braucht. Man kann sagen: Das Methanol ist Sonnen-Energie in flüssiger Form, oder: Methanol ist die Pfandflasche, die mit Sonnen-Energie gefüllt ist. Ist die Flasche leer, geht sie zur Befüllung wieder zurück zum Hersteller.

Außerdem war mir damals schon klar, dass dieser Weg auch auf andere Weise gut ist. Es gibt viele Länder auf der Erde, die unter großer Armut leiden, deren Menschen keine Perspektive sehen, und sich deswegen aufmachen, um anderswo ihr Glück zu finden. Diese Länder haben keine Bodenschätze, wie etwa Öl oder Gas aber dafür riesige Flächen (sehr oft Wüstengebiete), die sich gut zur Solar-Stromproduktion eignen würden. Wenn man dort eine Methanol-Industrie aufbauen könnte, würde sich, durch die Gelder die sich durch den Verkauf von Methanol erzielen lassen, ein beachtliches Einkommen für diese Staaten realisieren lassen. Diese Einnahmen können die Regierungen direkt verwenden, um für ihre Menschen Perspektiven zu schaffen. Die Leute würden ihr Land nicht mehr verlassen müssen, sondern könnten bleiben und ein gutes Leben führen. Man würde also Arbeit dorthin verlagern, wo sie benötigt wird, anstatt wie heute die Menschen zur Arbeit zu karren. Letztlich ist das eine ähnliche Geschichte wie die Geschichte unseres eigenen Landes. Außer Kohle hat Deutschland keine nennenswerten Bodenschätze, aber talentierte, strebsame Menschen. Dieses „natürliche Rohmaterial" hat dazu geführt das wir, nach schrecklichen Fehlern und Irrtümern (Hitler-Diktatur, „DDR") ein Land wurden, das sich einen Ruf in der Welt erarbeitet hat, sehr gute Produkte herzustellen. Diese Produkte wurden weltweit gut verkauft und damit gute Einnahmen erzielt. Damit können wir bis heute einen Staat mitfinanzieren, indem es sich gut leben lässt. Aufgrund unserer Demokratie UND sozialer Marktwirtschaft können auch Menschen hier gut leben, die nicht mit dem sprichwörtlichen „silbernen Löffel im Mund" geboren wurden.

Ein anderes Beispiel sind Staaten, denen das Losglück der Natur freundlich zugewandt ist. Diese Staaten haben große Vorkommen an Bodenschätzen, die sich gut verkaufen lassen. Diese Staaten gibt es vielfach (Saudi-

Arabien, Russland, Venezuela, ...) Wie dieser „National-schatz" dann den Menschen dort zugutekommt, ist Sache der nationalen Regierungen dieser Länder, und deswegen behandele ich dieses Thema hier nicht, um mich nicht in Wut zu schreiben. Man schaue nur nach Venezuela, um zu verstehen, was ich meine.

Aber zurück zur „Kreislaufwirtschaft der Energie"

Es war mir damals auch klar, dass sich diese Art der Energie-Umwandlung (Strom in eine speicherbare Energiequelle) sehr gut als „Übergangs- oder Brückentechnologie" eignet, da ja auch Strom aus bestehenden Atomkraftwerken, Kohlekraftwerken, ... genutzt werden kann, um Wasser zu zerlegen, und dann den hergestellten Wasserstoff mit CO_2 in Methanol umwandeln. Stück für Stück kann man das gesamte Energie-Versorgungssystem langsam und planbar umbauen. Es entwickelt sich ein stetiger Umstieg in eine „Energie-Kreislaufwirtschaft". Weil Methanol bei normaler Temperatur eine Flüssigkeit ist, die man kostengünstig in riesigen Mengen speichern kann, ergibt das signifikante Kosten-Vorteile in der Vorratshaltung gegenüber etwa reinem Wasserstoff. Außerdem kann, mit Modifikationen, das gesamte globale Logistiksystem weiterbenutzt werden. Es muss nichts Neues erfunden werden. Wo jetzt große Öltanker fahren, könnte man in Zukunft große Methanol-Tanker fahren sehen. Selbst bei einer Katastrophe, ein Tanker verunglückt, ist Methanol viel weniger umweltschädlich als Rohöl. Natürlich wird auch die Natur unmittelbar am Unfallort stark in Mitleidenschaft gezogen, aber Methanol mischt sich sehr gut mit Wasser und die Bakterien im Meer können es leicht „auffressen". Nach kurzer Zeit ist es wieder aus der Natur entfernt.

Lange Rede kurzer Sinn, nachdem ich die Grundlagen der Herstellung von Methanol ausgearbeitet hatte, machte ich mich daran einmal die Herstellungskosten und damit letztlich den Preis dieses Produkts abzuschätzen. Da ich Zugang zu verschiedenen Fachzeitschriften und Fachliteratur hatte, fiel mir das nicht sonderlich schwer.

Die technische Basis damals war:

- Solarfarmen in Wüstengebieten (z.B. Sahara, Namib, Atacama, Gobi, Australien ...) Dort ist eine 250 % bessere Nutzung der Solarenergie möglich, als hier bei uns in Deutschland, und das ändert sich auch nicht in Hunderttausenden von Jahren. Bei Windkraft sieht es wohl so aus, dass man in den besten Gegenden von Deutschland eine Auslastung von bestenfalls 2000 Volllaststunden erreichen kann. Bei der Installation offshore (also auf See) kann man sogar bis zu 4500 Vollaststunden erreichen. Falls jemand wissen möchte, was „Volllaststunden" sind, am Ende des Buches erkläre ich das.

Also vor Ort Strom produzieren, dann auch noch vor Ort Wasser mithilfe von Gleichstrom zerlegen. Es entsteht Wasserstoff. Diesen dann zusammen mit CO_2 umwandeln in Methanol. Danach verteilt man das produzierte Methanol via Schiffen bzw. Pipelines. TKW, ... Alles schon vorhanden. Die Heizung zu Hause lässt sich auch sehr gut mit Methanol betreiben. Methanol eignet sich hervorragend, weil es bei normalen Temperaturen flüssig ist und ohne großen Aufwand gelagert werden kann. Es ersetzt schrittweise Rohöl, Benzin oder auch Heizöl. Es braucht keine komplett neuen Liefersysteme. Selbst Turbinen können und werden schon mit Methanol betrieben. Damit wird es auch möglich werden Flugzeuge zu betreiben.

Ich erschrak allerdings schon, als ich mir die Dimension dieses Vorhabens klar machte. Mein wirtschaftlicher Grundgedanke war:

Der gesamte Primär-Energieverbrauch von Deutschland (also wirklich alles) wird langfristig durch diesen neuen anderen Weg ersetzt. Die Kosten für ein solches Vorhaben beliefen sich auf phantastische 2000 bis etwa 3000 Milliarden Euro. Ein gewaltiger Batzen Geld! Ganz abgesehen von den politischen Unwägbarkeiten wenn man solche Summen über einen langen Zeitraum in anderen, eventuell politisch instabilen, Ländern investieren wollte. Auch zeigte sich, dass der Endpreis für 2 Liter Methanol an der Tankstelle bei ca. 1,80 bis 2,20 Euro pro 2 Liter liegen würde. Zwei Liter deswegen, weil Methanol nur circa den halben Energiewert hat im Vergleich zu Benzin. Erst ab einem Rohölpreis von ca. 100$/Barrel würde es interessant werden.

Also alles vergebens? Mitnichten!

Eine genaue Betrachtung ergibt einen sehr wichtigen Fakt: Diese Investitionen werden über die Zeit immer attraktiver, weil sich die Investitionskosten abschreiben, und langfristig (30 Jahre) dieses Methanol dann sehr wohl konkurrenzfähig wäre. Beziehungsweise, es wird immer konkurrenzfähiger, weil die Investitionen zurück-gezahlt wurden, und letztlich keine Kosten für die Rohstoffe (Wasser, Sonnenlicht) anfallen. Aber es war mir auch klar, dass, wenn man so etwas anfangen wollte, es ein Projekt wäre, dass mindestens 30 Jahre dauern würde, und es nur von einem Staat ausgeführt werden könnte. Ein einzelnes Wirtschaftsunternehmen muss an der schieren Größe, der Zeitspanne und politischen Unwägbarkeiten scheitern. Nur im Zusammenspiel von Staaten und Unternehmen wäre das Vorhaben ein gangbarer Weg.

Ergo: Man muss es der Politik schmackhaft machen. Ich beschloss, mich politisch zu engagieren. Welcher Weg? Meine Präferenz lag bei der FDP, in die ich deswegen eintrat. Nebenbei habe ich auch an die damalige Kanzlerin Angela Merkel einen Brief mit der Beschreibung des Methanol-Systems geschickt, mit der Bitte um ein Gespräch mit ihren Fachleuten. Schließlich hat sie ein Studium der physikalischen Chemie abgeschlossen und könnte das alles leicht verstehen. Aber da hab ich mich wohl wiederum geirrt. Ich bekam ein Schreiben zurück, das man sich bedankt für den Vorschlag, aber bereits andere Pläne habe. Ich hab das Antwortschreiben dann weggeschmissen. Anscheinend sind die Fachleute in der Regierung viel klüger als Otto Normalverbraucher in diesem Land. Deren ungeheure Klugheit und Weitsicht kann man heute (2024) direkt am Zustand Deutschlands und seiner Energie-Sicherheit ablesen.

Aber, Aber! Hartwig!

Bitte nicht aus Frust einfach hämisch nachtreten! Auch nicht in Buchform. Die Leute damals hatten wahrscheinlich viel bessere Pläne, sind aber wohl offensichtlich bei der Durchführung ein wenig vom Weg abgekommen, oder wie Robert Habeck sagen würde „Wir sind von der Realität umzingelt".

Also um es kurz zu machen, in der Politik bin ich auch gescheitert!

Nach längeren Querelen fand ich erst ab 2017 wieder die Zeit, mich mit dem Thema zu beschäftigen. Mittlerweile war ich aus der FDP ausgetreten. Der Hauptauslöser für mein neuerliches Interesse war die öffentliche

Kakophonie über den „Untergang der Erde durch den Klimawandel". Langsam kam mir ein Verdacht. Das alles hat doch nichts mehr mit gesunden, wissenschaftlichen Grundlagen zu tun. Daraufhin bestellte ich mir den damaligen IPCC-Report No.5 um ihn mal zu analysieren. Dieser „Sachstandsbericht" wird etwa alle 5 Jahre vom „Weltklimarat" herausgebracht. Ein riesiger Wälzer, circa 5 Kilogramm schwer. Also ein wirkliches epochales Werk. Es ist wahrscheinlich dreimal so schwer wie die Bibel! Ist es deswegen aber auch dreimal so bedeutungsvoll? Ich habe mich mein ganzes Berufsleben mit Themen wie Physik, Chemie, ... beschäftigt. Aber beim Studium dieses „Goldstandards der Klimawissenschaft (Wikipedia)" traf mich beim Lesen fast der Schlag, als mir bewusst wurde, welche dilettantischen Ansätze hier Schwarz auf Weiß zutage traten. Leider habe ich den Fehler begangen mein Wissen auf dem Gebiet, das auf meiner Berufstätigkeit fußt, bei meinen Mitmenschen vorauszusetzen. Ich habe viel zu spät erkannt, dass ich in den Augen meiner Mitmenschen ein „Fachidiot" bin. Wie gesagt, eigene Fehler sollte man sich eingestehen. Kein Mensch hörte mir wirklich zu, und ich dachte, das liegt an den anderen, weit gefehlt! Erst meine jetzige Frau Evelyn machte mich eindringlich auf diesen Fehler aufmerksam und brachte mich dazu, endlich mal meinen „wissenschaftlichen Kauderwelsch" abzulegen, und den Menschen mit einfachen Worten meine Meinung nahe zu bringen.

Das Ergebnis ist dieses Buch. Ich habe versucht, allen „wissenschaftlichen Kauderwelsch" wegzulassen oder wenn es unumgänglich war, diesen so zu beschreiben, dass er auch für Laien zu verstehen ist. Dabei habe ich auch bei bestimmten Sachverhalten zu leicht verständlichen Analogien oder Gleichnissen gegriffen. Die Puristen mögen mir das verzeihen.

Kapitel 2
Die Klima-Katastrophe

Wie soll man dieses Thematik überhaupt angehen, um diese doch etwas trockene Materie leicht lesbar zu machen, trotzdem nichts zu sehr zu vereinfachen, um nicht dem Vorwurf ausgesetzt zu sein: Das ist total unwissenschaftlich! Es scheint mir, dass sich die ganze Welt in einer kompletten Hysterie befindet. Was den Klimawandel betrifft, hat das alles schon einen sehr religiösen Charakter. Man sieht das schon in der Sprache, „Ungläubige, Leugner, Ketzer" sind Begriffe, die in Religionen vorkommen, die in der Wissenschaft aber nichts zu suchen haben. Ich dachte, also wenn es schon Religion ist, dann ist es wohl das Beste, direkt die „Bibel der Klimapriester" zur Hand zu nehmen, sie nicht nur zu lesen, sondern auch zu studieren, um den Menschen dann mal klaren Wein einzuschenken, **was da wirklich drinsteht.**

Mensch, da hab ich mir aber was aufgehalst!

Die damals (2013) neueste Auflage, der IPCC-Report No.5, ist in Englisch geschrieben, und hat 1534 Seiten. Aber, wer „A" sagt, muss auch „B" sagen, also frisch ans Werk!

Nach einiger Zeit erlahmten meine Kräfte wieder und mein Enthusiasmus erschöpfte sich zusehends. Ich erkannte, dass die öffentliche Meinung wohl unbedingt an eine Katastrophe glauben **will**; und wer bin ich, dass ich alle Menschen vom „großen Irrtum" der Klimawissenschaften überzeugen wollte. Unmöglich! Beispiele für das Scheitern solcher Bemühungen gab es schon oft in der Geschichte. Siehe Galileo Galilei! Wie allgemein bekannt, hatte der mit seinem Anliegen auch kein so glückliches Händchen.

Aber erst jetzt, als es mir dann wirklich „Zuviel" wurde, wenn gefühlt, jeder Mensch, und dabei speziell Wissenschaftler und Politiker, immer wieder von einer Klimakatastrophe reden, die wir unbedingt aufhalten müssen, kam wieder Elan in meine Bemühungen.

Diesen ganzen Hype fasse ich mal sarkastisch so zusammen:

> Wir müssen dem Klimagott Opfer bringen!
> Speziell wir, die Deutschen, sind dazu aufgerufen „die Welt zu retten".

Ja geht's eigentlich noch? Merken wir eigentlich gar nichts mehr?

Ein Prozent der Weltbevölkerung soll die gesamte Welt retten? Wie einfach gestrickt muss man sein, so einen Schwachsinn zu glauben? Es ist noch nicht einmal 100 Jahre her, da hat ein „Kunstmaler", namens Hitler den Deutschen eingeredet, sie wären die „Herrenmenschen" und Deutschland müsse die Welt erobern, um sie in eine glänzende Zukunft zu führen. Was dabei herausgekommen ist, kennen wir aus der Geschichte und das sollte uns doch eigentlich gelehrt haben vorsichtiger mit dem „Glauben" zu sein. Jetzt erzählt man uns wieder und wieder, dass wir uns klima-mäßig in der Vergangenheit so versündigt haben und es sogar weiter tun! Gemeint ist wohl „versündigt" durch die industrielle Revolution und durch das Verbrennen fos siler Energieträger. Das müssen wir sofort ändern! Wir Deutsche müssen ab sofort die Speerspitze einer neuen aufgeklärten Menschheit sein. Wir müssen uns an die Spitze der Bewegung stellen und als Anführer diesen Krieg gewinnen. Dann endlich, durch uns Deutsche, ist die Welt gerettet!

Sind wir alle eigentlich im Dauer-Delirium? Wollen wir zum „Gröklimaraz" (größter Klimaretter aller Zeiten) werden? Koste es, was es wolle! Wähnen wir Deutsche uns wohl **schon wieder** als die Größten? Wir sind wohl, in unserer eigenen Einschätzung, die Einzigen die wirklich durchblicken. Nur wir sind imstande so ein Unterfangen, wie die „große Transformation" zu „wuppen". Wir werden der Welt schon zeigen, was für tolle Kerle wir doch sind. Selbst das Bundesverfassungsgericht hat mit seinem Urteil noch eine Schippe draufgelegt.

!Tolle Mädels und Buben, die haben es drauf!

Das kann doch alles nicht wahr sein! Wann erkennen wir eigentlich, dass wir als Kanonenfutter in diesem „Klimakrieg" verheizt werden. Sieht denn keiner mehr, dass „der Kaiser nackt ist". Sind denn alle gestandenen Wissenschaftler zu resigniert, um diesen hanebüchenen Unsinn als solchen Unsinn auch zu benennen. Aber es scheint so, dass Wissenschaftsjournalisten, die in diesem Fall ja die öffentliche Meinung abbilden sollten, auch nicht mehr das sind, was sie mal waren. Ich frage mich, wann diese Journalisten anfangen mal kritische Fragen zum Umbau unserer gesamten industriellen Basis zu stellen. Zum Zustand unserer Wissenschaftsjournalisten möchte ich hier eine kleine Anekdote von Albert Einstein wiedergeben.

Albert Einstein gilt als einer der bedeutendsten Physiker der Wissenschaftsgeschichte und weltweit als einer der bekanntesten Wissenschaftler der Neuzeit. Seine Forschungen zur Struktur von Materie, Raum und Zeit sowie zum Wesen der Gravitation veränderten maßgeblich das zuvor geltende newtonsche Weltbild. 1999 wurde Albert Einstein in einer durch die Fachzeitschrift Physics World durchgeführten Umfrage unter führenden Physikern vor Isaac Newton, James Clerk Maxwell, Niels Bohr und Werner Heisenberg zum bedeutendsten Physiker aller Zeiten gewählt. Einstein gilt als Inbegriff des Forschers und Genies. Er nutzte seine außerordentliche Bekanntheit auch außerhalb der naturwissenschaftlichen Fachwelt bei seinem Einsatz für Völkerverständigung, Frieden und Sozialismus. (Auszug aus Wikipedia)

Albert Einstein war ein wirklicher „Querdenker", und wäre wohl heute entsetzt über „Die Klimawissenschaft", und wie mit Kritikern derselben umgegangen wird. Es gibt derzeit in den politischen Parteien zu viele Ignoranten, wenn es um dieses Thema geht. Hier die Anekdote:

Er, Albert Einstein, wurde von einem damaligen Wissenschaftsjournalisten gefragt:

„Herr Einstein. Viele hundert Wissenschaftler in aller Welt behaupten ihre „allgemeine Relativitätstheorie" wäre falsch. Was sagen Sie dazu?"

Er dachte nach und antwortete sinngemäß: „Werter Herr, wenn die allgemeine Relativitätstheorie falsch ist, dann braucht es nicht hunderte Wissenschaftler, sondern nur Einen der beweisen kann, dass sie falsch ist!"

Warum erwähne ich diese Anekdote? Einstein hat damit das Fundament von Wissenschaft nochmals definiert, so wie er es, ich es und auch heute viele andere Wissenschaftler verstehen; nämlich:

> In den Naturwissenschaften gilt der Grundsatz: Man kann die schönsten Theorien aufstellen, aber nur einer kann sie beweisen; und dieser Eine ist die Natur, sonst braucht es keinen!

Was ist so wichtig an dieser doch beinahe banalen Aussage? Ob Hunderte oder Tausende etwas gut finden, zählt bei den Naturwissenschaften nicht. Es gibt Naturgesetze, die auf der ganzen Welt überall wirken. Überall und jederzeit kann jeder sie nachmessen. Immer muss das gleiche Ergebnis herauskommen!

Gesetzt den Fall: Man macht einen Versuch und es käme ein anderes als das erwartete, von dem physikalischen Gesetz vorhergesagtes Ergebnis heraus. Wenn dann auch noch andere Wissenschaftler durch eigene Messungen dieses neue Ergebnis bestätigen können, müsste das bestehende Naturgesetz überprüft, und gegebenenfalls modifiziert, verändert werden. Gerade Einstein hat ja dadurch, dass er „Zeit" nicht als eine immer gleiche Grundgröße begriffen hat, seine bahnbrechenden Ergebnisse erzielt. Er war also ein Querdenker. Davon bräuchte es viel mehr in diesem Land.

Also fangen wir an und lesen wir jetzt gemeinsam einige Seiten dieser „Klimabibel". Halten sie sich fest. Es wird seltsam, lustig und sehr erhellend. Viel Spaß beim Lesen!

Kapitel 3
Der IPCC-Report Erster Teil

Vorausbemerkungen

Ich habe mich entschieden einfach diesen, bereits oben erwähnten, IPCC-Report No.5, also quasi die „Bibel der Klimatologen" zur Hand zu nehmen und der Gliederung zu folgen, dabei Zwischenwertungen abzugeben, und dann in einer Zusammenfassung, ein Ergebnis zu liefern. Es gibt also nur zwei Quellen, die ich benutzt habe. Den IPCC-Report No.5 selbst und, von Zeit zu Zeit, Wikipedia, wenn ich Fakten benötigt habe. Alle Zitate sind markiert.

Zunächst einmal „Wer oder Was ist der IPCC"?

Auszug aus Wikipedia:

Der Intergovernmental Panel on Climate Change (IPCC), deutsch Zwischenstaatlicher Ausschuss für Klimaänderungen (oft als Weltklimarat bezeichnet), wurde im November 1988 vom Umweltprogramm der Vereinten Nationen (UNEP) und der Weltorganisation für Meteorologie (WMO) als zwischenstaatliche Institution ins Leben gerufen, um für politische Entscheidungsträger den Stand der wissenschaftlichen Forschung zum Klimawandel zusammenzufassen mit dem Ziel, Grundlagen für wissenschaftsbasierte Entscheidungen zu bieten, ohne dabei Handlungsempfehlungen zu geben. Bisher hat der IPCC sechs

Sachstandsberichte und mehr als zehn Sonderberich-
te sowie Richtlinien für die Erstellung von Treibhaus-
gasinventaren veröffentlicht.
Der IPCC gilt als „Goldstandard" in der Klimafor-
schung. Seine Sachstandsberichte werden innerhalb
der Wissenschaft als glaubwürdigste und fundiertes-
te Darstellung bezüglich des naturwissenschaftlichen,
technischen und sozioökonomischen Forschungsstan-
des über das Klima und seine Veränderungen sowie
über Möglichkeiten des Umgangs damit betrachtet.

Der neue Report No.5 (AR5) ist riesig. Er umfasst 1535
Seiten. Wie anfangen? Einen Hinweis gibt es in der Wi-
kipedia-Information: Der IPCC soll „wissenschaftliche
Forschung zum Klimawandel zusammenfassen, mit dem
Ziel Grundlagen für wissenschaftsbasierte Entscheidungen zu bieten, ohne dabei Handlungsempfehlungen zu
geben." Wie seriös das gehandhabt wird, kann man an
den fast täglichen Meldungen („das wärmste Jahr, oder
der wärmste Monat seit 125.000 Jahren") erkennen. Ist
das noch Wissenschaft oder nur noch Panikmache, Angst
erzeugen und ein Anstacheln der Menschen, damit diese
der Politik Druck machen sollen. Zum Glück haben die
Autoren des IPCC den Politikern schon die Arbeit abgenommen, sich mit der Materie enger zu befassen. Sie haben schon gleich am Anfang dieses Reports eine Zusammenfassung für die Politiker geschrieben. Da können sie
sich dann Anweisungen, sprich Handlungsempfehlungen,
direkt abholen, ohne sich mal die Mühe zu machen, tiefer in dieses Konvolut einzusteigen. Ich empfinde diese
Art Herangehensweise als sanfte Gehirnwäsche. Teile
der „Wissenschaft" bedrängen die Politiker, damit diese

Gesetze in eine ganz bestimmte Richtung beschließen. Ich glaube nicht, dass alle Klimawissenschaftler hinter diesen teilweise monströsen, teilweise lächerlichen Meldungen stehen. Aber diese Meldungen bleiben von wissenschaftlicher Seite öffentlich unwidersprochen und damit tut sich der seriöse Teil der Wissenschaft auf lange Sicht keinen Gefallen. Am Ende wird es heißen: Mit gefangen mit gehangen! Ich steige jetzt kurz in die „Zusammenfassung für Politiker" ein, um aber dann schnell direkt in die „Technische Zusammenfassung" übergehen.

Allgemeines

Der IPCC-Report gliedert sich wie folgt:
- Vorwort
- Zusammenfassung für Politiker (30 Seiten)
- Technische Zusammenfassung (86 Seiten)
- 14 einzelne Kapitel
- Anhänge

Der gesamte Report ist in Englisch, gespickt mit Fachbegriffen und mit Schachtelsätzen. Das macht das Lesen schwer. Deswegen habe ich mir die Mühe gemacht, das Original in Teilen zu übersetzen, um dem Leser das zu ersparen. Alle übersetzten Originalsätze sind in *kursiv* gedruckt, um sie von meinen Kommentaren zu unterscheiden. Manchmal ist meine Übersetzung etwas holprig, aber sie trifft exakt die englischen Original-Aussagen. Ich habe lange an diesem Buch gebastelt, weil ich nie ganz zufrieden war. Das Problem liegt im Original begründet. Es bearbeitet einen Sachverhalt dreimal. Einmal für Politiker, dann zum zweiten Mal in der „Technischen Zusammenfassung" noch vertiefter, und dann, noch mehr ins Detail gehend, in den einzelnen Kapiteln ein drittes Mal. Ich habe mich entschlossen, einfach dem Report zu folgen, und dabei meine Erklärungen und Kommentare einzufügen. Es ist amüsant und erhellend wenn man beim Lesen der einzelnen Kapitel immer wieder einmal zurückblättert und vergleicht, welche Tatsachen in der „Technischen Zusammenfassung" da zum Besten gegeben werden und wie diese Tatsachen dann wieder in der „Zusammenfassung für Politiker" wiedergegeben werden. Da sträuben sich einem unbedarften Mitmenschen schon manchmal die Haare, wenn man klar erkennt, wie hier fragwürdigste Aussagen als „total gesichert" an die Politiker weitergereicht werden. Natürlich lügen diese Leute nicht, das wäre ja zu plump! Aber lesen Sie selbst, was dort alles zusammengereimt wird.

Zusammenfassung für Politiker

A Einleitung

Die Arbeitsgruppe 1 des 5. Sachstandsberichts des IPCC erachtet neue Beweise eines Klimawandels zu haben, basierend auf unabhängigen wissenschaftlichen Analysen von Beobachtungen des Klimasystems, paläo-klimatischen Archiven, theoretischen Studien von Klimaprozessen und Simulationen durch Nutzung von Klimamodellen. Der neue Report baut auf AR4 auf, nachfolgend integriert er neue Ergebnisse der Forschung. Eine Komponente des AR5, der IPCC Spezial Report „ Managing das Risiko von Ext-

remereignissen und Katastrophen durch Klimawan-
delanpassung (SREX), ist eine wichtige Basis für
Informationen von sich änderndem Wetter und Kli-
maextremen. Die „Zusammenfassung für Politiker
(SPM)" folgt der Struktur des Reports von Arbeits-
gruppe 1. Das Narrativ wird unterstützt durch über-
greifende hervorgehobene Schlussfolgerungen, welche,
zusammengefasst, eine knappe, präzise und bündi-
ge Zusammenfassung ergeben. Die Hauptsektionen
werden angeführt durch einen kurzen Paragraph der
die methodische Basis des jeweiligen Sachstands um-
reißt. Der Grad der Sicherheit in Schlüssel-Erkennt-
nissen in diesem Bericht basiert auf der Beurteilung
von grundlegendem wissenschaftlichem Verständnis
des Autorenteams

Ich übersetze mal: Ob eine Aussage wirklich sicher (wahr)
ist, hängt von einem Autorenteam ab, und deren Wissen-
schaftsniveau. Also zum Beispiel, die Aussage das mehr
Eis geschmolzen ist, vergleicht das Autorenteam mit anderen Schlüsselerkenntnissen z.B. mit der Temperatur-
zunahme und trifft messerscharf die Schlussfolgerung:
Eis schmilzt beim Erwärmen, also ist diese Aussage richtig. Ist zwar ziemlich banal, aber erst mal richtig, total
gesichert und streng wissenschaftlich! So weit so gut.

Der Grad der Sicherheit wird ausgedrückt als quali-
tatives Niveau des Vertrauens (von sehr gering bis
sehr hoch) und wenn möglich mithilfe der Wahrschein-
lichkeit mit einer quantifizierten Wahrscheinlichkeit
von „außergewöhnlich unwahrscheinlich" bis „na-
hezu sicher" Das Vertrauen in Gültigkeit einer Er-

kenntnis basiert auf dem Typ, Menge, Qualität und der Gleichmäßigkeit, bzw. Vereinbarkeit der Ergebnisse, die zu dieser Erkenntnis geführt haben (zum Beispiel Daten, mechanistische Überlegungen, Theorie, Modelle, Experten-Meinungen) und der Grad von Übereinstimmung.

Tut mir leid, aber jetzt muss ich schon dazwischen grätschen: Die einzige Grundlage für Theorien, Modelle, Expertenmeinungen oder mechanistische Überlegungen sind **gemessene Daten. An diese, und nur an diese knüpft sich der Rest!** Das hier ist, gelinde gesagt, sehr schwammig ausgedrückt.

Wahrscheinlichkeitsschätzungen von quantifizierten Messungen der Unsicherheit bei einer Erkenntnis basieren auf statistischen Analysen von Beobachtungen oder Modell-Ergebnissen oder beiden und der Experten-Meinung. Wenn geeignet, werden Erkenntnisse auch formuliert als Sachverhaltsdarstellung ohne Unsicherheitsbegriffe zu verwenden. Näheres in TS.1 und Box TS.1. Hier gibt es mehr Details über die spezifische Sprache des IPCC um über Unsicherheit zu kommunizieren. Die Basis für die wesentlichen Paragraphen der „Zusammenfassung für Politiker" findet man unter den Einzelkapiteln dieses Reports und in der technischen Zusammenfassung. (Referenzen sind in Klammern angegeben)

B Beobachtete Änderungen des Klimasystems
Beobachtungen des Klimasystems beruhen auf direkten Messungen und Fernmessungen von Satelliten und

Plattformen. Weltweite Beobachtungen mit Instru-
menten begannen in der Mitte des 19. Jahrhunderts.
Gemessen wurden Temperatur und andere Variable.

Haben die Politiker das überhaupt gelesen und verstanden? Erst seit ca. 1850 wurde angefangen global zu messen. Davor gibt es kaum Daten!

Seit der 1950er Periode und darauffolgend sind um-
fassende und verschiedene Sets von Beobachtungen
vorhanden.

Also erst seit circa 60 Jahren gibt es zusammenhängende Tabellen von Beobachtungen, also wirkliche Daten!

Paläo-klimatische Rekonstruktionen erweitern einige
Aufzeichnungen zurück bis 100te von Jahren bis zu
Millionen von Jahren. Zusammen ergeben diese Auf-
zeichnungen einen umfassenden Blick auf die Varia-
bilität und Langzeit-Änderungen in der Atmosphä-
re, dem Ozean, des Eises sowie der Landoberfläche.

Welcher Politiker hat sich beim Lesen dieser Zeilen mal die Frage gestellt:
Okay, eben haben sie mir noch erklärt, dass sie seit 1950 global großflächig messen. Jetzt sagen sie, durch andere „Rekonstruktionen" können sie mir jetzt alles erklären von Jahrhunderten zurück bis sogar Millionen Jahre zurück, und zwar weltweit! Aber wie genau ist das alles denn, wenn wir uns hier aktuell um 1,5 °C streiten, bzw. 0,1 °C mehr oder weniger?

Jetzt kommt in der „Zusammenfassung für Politiker" bei jedem Abschnitt eine Kurzfassung, des vorher Gesagten. Das ist farblich hervorgehoben. Ich schreibe diese zusätzlich zu kursiv auch noch etwas größer.

Die Erwärmung des Klimasystems ist zweifelsfrei, und das seit den 1950ern. Viele der beobachteten Änderungen sind beispiellos über Jahrzehnte bis zu Jahrtausenden. Die Atmosphäre und der Ozean haben sich erwärmt. Die Menge an Schnee und Eis hat sich verringert. Der Meeresspiegel ist gestiegen und die Konzentration von Treibhausgasen ist gestiegen.

Soweit erst mal die erste Seite der Zusammenfassung für Politiker" (SPM).

Unsere Politiker sind wohl meistens keine Klima-, Chemie-, Physik-Spezialisten.

Aber hier ausdrücklich: Das verlangt keiner und das müssen sie auch nicht sein.

Aber es wäre doch schön, wenn sie sich diese Seiten mal durchlesen würden um zu einem eigenen Bild zu kommen. Ist das zu viel verlangt, bevor man ein ganzes Land auf den Kopf stellt? Aber was macht man denn persönlich, wenn man etwas bearbeiten soll, dass einem ziemlich fremd ist? Wenn einem die Materie ziemlich exotisch erscheint, und dann vielleicht sogar noch in einer fremden Sprache geschrieben? Man sucht nach einer etwas unkomplizierteren Zusammenfassung des oben Geschriebenen. Das ist aber genau diese Aussage, die dort „groß" steht. Also es ist zweifelsfrei erwiesen, dass auf der gesamten Erde es seit Jahrtausenden noch nie so warm war, oder es noch nie so schnell warm wurde wie heute.

Also mal ehrlich, das sind Aussagen, die ein seriöser wissenschafts-bejahender Mensch nie in den Mund nehmen würde, wenn er nur von einer gesicherten Datenbasis von 60 Jahren ausgehen muss. Das ist ziemlich verwegen und tendiert mehr zu Propaganda als zur Seriosität. Die Menge an Schnee und Eis hat sich verringert. Ja und? Um wie viel von welcher Basis aus betrachtet? Dasselbe beim Meeresspiegel und dazu noch der Hinweis auf die „Treibhausgase". Der darf wohl nicht fehlen. Dazu später mehr.

Das war eine Übersetzung des gesamten ersten Teils. Die anderen Teile der SPM werde ich nicht mehr fast wörtlich übernehmen. Dazu fehlt einfach der Platz und mir die Geduld. Ich beschränke mich darauf, das im IPCC hervorgehobene Statement zu übersetzen. Nach dieser Beschreibung gehe ich dann direkt in die „Technische Zusammenfassung", bzw. vorher noch eine Seite über die Unsicherheit der Daten und Behauptungen dieses Reports. Nachher, bei der Besprechung der „Technischen Zusammenfassung" ist es immer ganz amüsant, nach jedem besprochen Kapitel mal zurückzugehen und nachzulesen was sie den Politikern über dieses Kapitel ans Herz legen. Jetzt also erst mal weiter die Übersetzungen der hervorgehoben Teile aus der „Zusammenfassung für Politiker" (SPM):

B.1 Atmosphäre
Auf der Erdoberfläche ist jede der drei letzten Dekaden nacheinander wärmer gewesen als jede vorherige Dekade seit 1850. Auf der Nordhalbkugel ist die Periode

1983-2012 wahrscheinlich die wärmste 30-Jahre-Periode gewesen der letzten 1400 Jahre.

B.2 Ozean

Die Ozean-Erwärmung dominiert den Anstieg an Energie-speicherung im gesamten Klimasystem, verantwortlich für mehr als 80 % der Energie-Akkumulation zwischen 1971 und 2010. (großes Vertrauen). Es ist nahezu sicher, dass der obere Ozean (0 bis 700m) sich von 1971 bis 2010 erwärmt hat, und hat sich wahrscheinlich zwischen 1870 bis 1971 erwärmt.

B.3 Kryosphäre (Welt des Eises)

Über die letzten 2 Dekaden haben der Grönland-Eisschild und der Antarktische-Eisschild Masse verloren. Fast weltweit sind die Gletscher weiter geschrumpft. Das arktische Meereis und die Schneebedeckung im Frühling haben auf der Nordhalbkugel weiter und schneller abgenommen (großes Vertrauen)

B.4 Meeresspiegel

Seit Mitte des 1900ten Jahrhunderts war die Rate des Meeresspiegel-Anstiegs größer als der Durchschnitt der vorangegangenen 2 Jahrtausende (großes Vertrauen). In der Periode von 1901 bis 2010 ist der globale Meeresspiegel um 0,19 (0,17-0,21)m gestiegen.

B.5 Kohlenstoff- und andere biochemische Kreisläufe

Die atmosphärische Konzentration von CO_2, Methan und nitrosen Gasen haben sich auf Niveaus erhöht, die beispiellos in den letzten 800.000 Jahren sind. Die

CO2-Konzentration hat sich um 40 % erhöht, verglichen mit der vorindustriellen Zeit. *Hauptsächlich durch die Verbrennung von fossilen Brennstoffen und zweitens durch die Nutzung von Landflächen, die damit netto mehr Emissionen erzeugt haben. Der Ozean hat ungefähr 30 % des menschengemachten CO2 aufgenommen, was zur Versauerung geführt hat.*

C. Treiber des Klimawandels

Der totale Strahlungsantrieb (radiative forcing) ist positiv und hat zu einer Energie-aufnahme durch das Klimasystem geführt. Den größten Beitrag zum totalen Strahlungsantrieb hat die Zunahme des atmosphärischen CO2 geliefert; und zwar seit 1750.

D. Verständnis des Klimasystems und seiner jüngsten Änderungen

Der menschliche Einfluss auf das Klimasystem ist klar. Das ist bewiesen durch den Anstieg bei den Treibhausgasen in der Atmosphäre, der Zunahme des Strahlungsantriebs, beobachtete Erwärmung und Verstehen des Klimasystems.

D.1 Die Einschätzungen von Klimamodellen

Seit dem letzten IPCC-Report (AR4) haben sich die Klimamodelle verbessert. Modelle reproduzieren kontinentale Oberflächentemperatur-Verteilungen und Trends über viele Jahrzehnte, einschließlich der schnelleren Erwärmung seit Mitte des 20. Jahrhunderts und sofortigen Abkühlungen, die großen Vulkanausbrüchen folgen. (sehr hohes Vertrauen)

D.2 Quantifizierung der Antwort des Klimasystems

Beobachtungsstudien und Modellstudien von Temperatur-Änderungen, Klima-Rückmeldungen und Änderungen im Energiebudget der Erde zusammen liefern Vertrauen in die Höhe der globalen Erwärmung in Antwort auf die vergangenen und zukünftigen Strahlungsantriebe.

D. 3 Erfassung und Zuschreibung des Klimawandels

Es wurde ermittelt, dass es der menschliche Einfluss ist, der
die Erwärmung der Atmosphäre
die Erwärmung des Ozeans
die Änderungen im globalen Wasserkreislauf
der Verminderung bei Eis und Schnee
der Erhöhung des mittleren Meeresspiegels
die Änderung bei Klima-Extremen
auslöst. Die Beweise des menschlichen Einflusses sind seit AR4 gewachsen.
Es ist extrem wahrscheinlich, dass der menschliche Einfluss, der dominante Grund für die beobachtete Erwärmung seit Mitte des 20. Jahrhunderts ist.

E. Zukünftiger Globaler- und regionaler Klimawandel

Weiter erfolgende Emissionen von Treibhausgasen werden weitere Erwärmung und weitere Änderungen des Klima-Systems nach sich ziehen. Um den Klimawandel zu begrenzen, benötigt es substantielle, dauerhafte Reduzierungen der Treibhausgas-Emissionen.

E.1 Atmosphäre: Temperatur

Die Änderung der globalen Oberflächentemperatur am Ende des 21. Jahrhunderts wird wahrscheinlich 1,5 °C überschreiten, relativ zu 1850-1900. Dies ergibt sich aus allen RCP-Szenarios außer von RCP2.6. Es ist wahrscheinlich dass die 2 °C überschritten werden für RCP6.0 und RCP8.5. und noch eher wahrscheinlich als nicht die 2°C-Grenze zu reißen bei RCP4.5. Die Erwärmung wird weitergehen, dabei jährliche und 10-jährliche Variabilität zeigen und wird nicht regional einheitlich verlaufen.

E.2. Atmosphäre: Wasserkreislauf

Änderungen im globalen Wasserkreislauf als Antwort auf die globale Erwärmung während des 21. Jahrhunderts werden nicht gleichmäßig sein. Der Unterschied zwischen Niederschlagsmengen von nassen und trockenen Regionen und zwischen nassen und trockenen Jahreszeiten wird steigen, obwohl es da auch regionale Unterschiede geben wird.

E.3. Atmosphäre: Qualität der Luft

Hier gibt es keine hervorgehobene Zusammenfassung.

E.4. Ozean

Der globale Ozean wird sich während des 21. Jahrhunderts weiter aufwärmen. Wärme wird weiter von der Oberfläche in die Tiefsee wandern und damit die Ozeanzirkulation beeinflussen.

E.5. Kryosphäre

Es ist sehr wahrscheinlich. dass die arktische Meereis-Bedeckung weiter schrumpfen und dünner werden wird. Die Schneebedeckung im Frühling in der nördlichen Hemisphäre wird während des 21. Jahrhunderts abnehmen, in Relation zum Anstieg der globalen mittleren Oberflächentemperatur. Global wird das Gletschervolumen abnehmen.

E.6. Meeresspiegel

Der globale mittlere Meeresspiegel wird während des 21. Jahrhunderts weiter zunehmen, wie alle RCP-Szenarios zeigen. Die Geschwindigkeit des Meeresspiegel-Anstiegs wird sehr wahrscheinlich den beobachteten Anstieg von 1971 bis 2010 übertreffen, bedingt durch Erwärmung und dem Verlust der Gletscher und der Eisschilde.

E.7. Kohlenstoff- und andere Kreisläufe

Der Klimawandel wird Kohlenstoff-Kreislaufprozesse in einer Art beeinflussen, sodass der Anstieg von CO_2 in der Luft verschärft wird. (hohes Vertrauen). Weitere Aufnahme von CO_2 im Ozeanwasser wird die Versauerung erhöhen.

E.8. Klima-Stabilität, Klimawandel-Verpflichtung und Irreversibilität (Unumkehrbar)

Die Gesamtheit des global emittierten CO_2 bestimmt weitgehend die Erwärmung der Erdoberfläche im 21. Jahrhundert und darüber hinaus. Die meisten Erscheinungen des Klimawandels werden für viele Jahrhunderte verharren, auch wenn die Emissionen des CO_2 gestoppt würden. Das bedeutet eine substantielle mehrere Jahrhunderte dauernde Klimawandel-Verantwortung ausgelöst durch vergangene, gegenwärtige und zukünftige CO_2-Emissionen.

Ende der Zusammenfassung für Politiker.

!!! WOW !!! Das hat gesessen!!

Gerade der letzte Abschnitt E.8. hat es in sich. Da kann einem armen Politiker aber schon angst und bange werden. Das ist ja mal ein Schreckens-Szenario, mit dem sich diese armen Männer und Frauen konfrontiert sehen. Natürlich gibt es keine expliziten Handlungsanweisungen, aber der erhobene Zeigefinger ist mehr als klar und deutlich! Wenn Du, kleines Politiker-Menschlein nicht zuhörst, und unseren „Empfehlungen" nicht folgst, wird es fürchterlich. Die Hölle wird ausbrechen, die Menschheit wird wahlweise verbrennen, verhungern oder auch ersaufen und seit Neuestem auch erfrieren, und Schuld, werdet nur ihr Politiker sein! Noch in Jahrhunderten werden nachfolgende Generationen eure Namen verteufeln!

!Die Klimagötter haben gesprochen!

Das wird euch armen Politikern angedroht! Und das bei einem Thema, das ihr doch noch nicht mal richtig versteht! Was könnt ihr denn anderes tun, als zu gehorchen?

Aber gemach, gemach liebe Politiker!! Noch ist nicht alles verloren!

Am Anfang wäre es wohl mal ein guter Gedanke, auch mal den Skeptikern und Kritikern zuzuhören, was die so zu sagen haben. Das muss nicht dieses Buch hier sein. Es gibt viele Quellen, die man nutzen kann, um mal was anderes zu hören als den IPCC-Mainstream. Und noch ein wichtiger Hinweis: Wenn Ihnen jemand etwas zu erklären versucht, und dabei immer nur mit Fachausdrücken um sich schmeißt, die sie nicht verstehen, oder die er ihnen, selbst bei mehrmaligem einfachem Nachfragen, auch nicht so richtig erklären kann: ALARMSTUFE: ROT, vielleicht hat er es selbst nicht ganz verstanden?

Kapitel 4
Der IPCC-Report Technische Zusammenfassung

Im Report kommt jetzt die Seite 36. Die ist wichtig, weil dort beschrieben steht, wie
- Vertrauen in die Aussagen
- die Sicherheit der Aussagen
- der Wahrheitsgehalt der Aussagen
- viel Unsicherheit noch in einigen Aussagen steckt
- beurteilt wird.

Seite 36 des Reports:

Box TS.1 Umgang mit Unsicherheit
Basierend auf den Richtlinien für Führungsautoren des 5. Sachstandsberichts für die konsistente Behandlung von Unsicherheit, beruhen die „WGI-Technische Zusammenfassung" sowie auch die „WGI-Zusammenfassung für Politiker" auf zwei Bemessungsgrundlagen. Beim Berichten von Schlüsselergebnissen wird auch ein „Grad der Unsicherheit" mitgegeben. Dieser basiert auf den Beurteilungen des Autoren-Teams in Hinsicht auf grundlegendem wissenschaftlichem Verständnis. Die zwei Bemessungsgrundlagen:
Erstens: Das Vertrauen in die Stichhaltigkeit eines Ergebnisses wird qualitativ ausgedrückt. Es basiert auf dem Typ, der Menge, der Qualität und der Vereinbarkeit der Beweise (z.B. mechanistisches Verständnis,

*Theorie, Daten, Modelle, Experten-Meinung) sowie
dem Grad der Übereinstimmung.*

Also gleich hier meine erste Bemerkung:
Man muss im Wissenschaftsbetrieb unter vielen Dingen
unterscheiden. Auch zwei wichtige Dinge muss man aus-
einanderhalten:

Erstens: Es gibt Observatorien, dort wird Observa-
tion (Beobachtung) betrieben.

Es werden Dinge, die man nicht im Labor oder einer
Testvorrichtung oder einer Teststrecke nachstellen kann,
gemessen. Hier hängt die Genauigkeit zu allererst vom
Messgerät ab. Nehmen wir als Beispiel die tägliche Luft-
Temperatur. Hier hängt die Genauigkeit vom benutzten
Thermometer und der Genauigkeit und Sorgfalt des Ab-
lesers ab. Will man die Temperatur dann mit anderen
Messungen vergleichen, muss man zusätzlich den Ort
und den genauen Tageszeitpunkt definieren. Dazu kommt
zusätzlich noch, dass dieses Thermometer vor direkter
Sonneneinstrahlung, Feuchte, Wind ... usw. geschützt
ist. Damit erreicht man eine gute Übereinstimmung und
somit eine Vergleichbarkeit der Ergebnisse. „Mechanistisches Verständnis" (ist die Beantwortung der Frage: „Warum herrscht heute so eine Temperatur?) oder Theorien,
Modelle oder Expertenmeinungen haben hier nichts zu
suchen. Im Gegenteil entstehen Theorien, Modelle aus
diesen Messungen. Experten-Meinungen kommen nur
dann ins Spiel, wenn man unerklärliche Messergebnisse
erhält, bei denen ein Fachmann erkennt, dass ein Messfehler aufgetreten ist (z.B. Regen hat durch eine Leckage
im äußern Gehäuse-Kasten das Thermometer befeuchtet
und hat damit einen Messfehler ausgelöst.

Zweitens: Es gibt Laboratorien, Testvorrichtungen oder Ähnliches:

Hier werden bestimmte Prinzipien erforscht oder Spezialwissen produziert. Dafür muss eine exakte Frage gestellt werden, und auch nur auf diese Frage gibt es dann eine Antwort. Beispiel: Bei welcher Temperatur gefriert Wasser zu Eis?

Ich spiel jetzt mal den Advocatus Diaboli:

- Welche Temperatur-Angabe wird gewünscht (Kelvin, Celsius, Fahrenheit)
- Welche Genauigkeit muss das Ergebnis haben (1 °C, 0,1 °C 0,0001 °C)
- Welches Wasser soll gemessen werden (Reinstes Wasser, Mineralwasser, Salzwasser mit welchem Salzgehalt, welches Salz, oder Salzgemisch)
- welchen Säuregrad soll das Wasser haben
- Unter welchem Druck soll das Experiment durchgeführt werden.
- usw.

Zugegeben, ein wenig übertrieben ist diese Aufstellung schon, aber sie zeigt, dass man in der Wissenschaft schon ziemlich genau definieren muss, wenn man eindeutige Ergebnisse erhalten will. Viele der oben genannten Dinge sind „selbstredend" im umgangssprachlichen Gebrauch. Aber es ist in der Wissenschaft nicht nur „gute Sitte" sehr genau zu definieren, sondern **zwingend erforderlich,** um Missverständnissen vorzubeugen. Bei Labortests kann man durch das Prinzip der Mehrfachmessung ein nachvollziehbares Maß für die Unsicherheit eines Ergebnisses erzeugen.

Beispiel: Eine Angabe 0,05 °C sollte mit einem Vertrauensbereich gekoppelt sein. Also zum Beispiel 0,05 °C +/- 0,01 °C. Das heißt, wenn man genau denselben Versuch irgendwo auf der Welt macht, sollte das Ergebnis des Tests zwischen 0,04 bis 0,06 °C liegen. Auch bei Test im Labor oder in Testvorrichtungen gelten in Bezug auf das Messinstrument und den Durchführenden die gleichen Voraussetzungen wie oben. Aber durch die Wiederholbarkeit kann man mehrere Messungen vergleichen und diesen Vertrauensbereich festlegen. Sprich: Es ist sicher, dass man dasselbe Ergebnis innerhalb des Vertrauensbereichs erhält, wenn man anderswo auf der Welt die gleiche Messung durchführt.

Zweitens: Quantitative Messungen der Unsicherheit eines Ergebnisses, ausgedrückt in Vertrauensbereichen (basierend auf statistischer Analyse von Beobachtungen oder Modell-Ergebnissen oder Expertenmeinung)

Hinweis: Wie will man all die anderen Variablen (gerade bei so etwas wie dem Wetter), die eventuell das Ergebnis beeinflussen können, ausschließen bei Observationen? Experten-Meinung ist meiner Meinung nach nicht unbedingt der beste Ratgeber. Ergebnisse von Modell-Rechnungen sind ein absolutes No-Go, denn sie beinhalten ja schon einen klaren mathematischen Zusammenhang, der entweder falsch oder richtig sein kann.

Die AR5 Richtlinien-Regel verbessert die Richtlinien des AR3- und AR4- Reports. Direkte Vergleiche zwischen Unsicherheiten von Ergebnissen von AR-3, AR-4 und AR-5 und SREX (Spezial- Report

des IPCC „Extrem-Ereignisse und Katastrophen her-
vorgerufen durch fortgeschrittenen Klimawandel-
Anpassung") sind schwierig. Die Anwendung der
revidierten „Richtlinien für Führungsautoren des 5.
Sachstandsberichts für die konsistente Behandlung
von Unsicherheit", die Verfügbarkeit neuer Informa-
tionen, Verbesserungen im wissenschaftlichen Ver-
ständnis, weitergeführte Analysen von Daten und
Modellen, und spezielle Unterschiede in der Methodik
bei der Anwendung auf beurteilende Studien machen
das unmöglich. Bei einigen Klima-Variablen wurden
andere Erscheinungen beurteilt, sodass ein direkter
Vergleich ungeeignet wäre.

In meinen Worten ausgedrückt. Der neue Report steht
für sich allein. Alles, was man vorher, in den vorherigen
Reports (alle bis AR4) behauptet hat, kann wohl in diesem
Report anders sein, oder anders bewertet sein als in den
älteren. Auf jeden Fall sollte man nicht vergleichen. Aber
gerade die Vergleichbarkeit und die Wiederholbarkeit ist
die Basis jeder Wissenschaft. Das hier sagen zu müssen,
ist ein Armutszeugnis bzw. eine Bankrott-Erklärung!

Man kann es allerdings auch positiv ausdrücken:
Unsere Klimatologen lernen eben noch! Ist ja erst der 5.
Bericht! Aber würde eine Firma auf den Rat eines Lehr-
lings hören und die gesamte Fertigung in allen Produk-
tionsbereichen total umstellen?

Wir in Deutschland tun im Moment aber genau das!
Mal sehen was dabei rauskommt, oder anders ausgedrückt:
Mal sehen was für ein Land Deutschland in 20 Jahren
sein wird! Ich fürchte mich vor den Konsequenzen einer
überheblichen, total stupiden und tumben Politik!

Jede Schlüssel-Erkenntnis basiert auf der Beurteilung des Autoren-Teams wie der Zusammenhang ist zwischen Beweis und Übereinstimmung. Die Vertrauens-Metrik liefert eine qualitative Synthese zwischen der Beurteilung des Autorenteams in Bezug auf Gültigkeit einer Erkenntnis (durch Auswertung der Beweise und Übereinstimmung). Wenn Unsicherheiten quantifiziert werden (z.B. durch Wahrscheinlichkeits-Betrachtungen) kann das Autorenteam sie charakterisieren. Dies geschieht durch eine kalibrierte Wahrscheinlichkeits-Sprache oder eine präzisere Wahrscheinlichkeits-Angabe. wenn nichts anderes erwähnt ist „hohes" oder „sehr hohes Vertrauen" verbunden mit Erkenntnissen, die das Autorenteam mit einem Wahrscheinlichkeits-Term ausgezeichnet hat.

Ich höre jetzt wieder auf, direkt zu übersetzen. Es ist extrem ermüdend.

Der Rest zusammen gefasst in meinen Worten aber im Gleichklang mit dem Report:
Es gibt 9 Kategorien zusammengefasst in einer Matrix:
- „Hohe Übereinstimmung und robuste Beweiskraft"
- „Hohe Übereinstimmung und mittlere Beweiskraft"
- „Hohe Übereinstimmung und limitierte Beweiskraft"
- „Mittlere Übereinstimmung und robuste Beweiskraft"
- „Mittlere Übereinstimmung und mittlere Beweiskraft"
- „Mittlere Übereinstimmung und limitierte Beweiskraft"
- „Niedrige Übereinstimmung und robuste Beweiskraft"
- „Niedrige Übereinstimmung und mittlere Beweiskraft"
- „Niedrige Übereinstimmung und limitierte Beweiskraft"

Die folgenden Ausdrücke werden benutzt, um die beurteilte Wahrscheinlichkeit anzuzeigen:

Englisch	Deutsch	Aussage Trifft zu
Virtually certain	So gut Wie sicher	99-100%
Very likely	Sehr wahrscheinlich	90-100%
Likely	Vielleicht	66-100%
About as Likely as not	Kann sein, 50:50	33-60%
Unlikely	unglaubwürdig	0-33%
Very unlikely	Sehr unglaubwürdig	0-10%
Exceptionelly unlikely	unmöglich	0-1%

Damit schließt die "Erkenntnis-Box TS.1".

Noch ein paar Gedanken zu diesem Abschnitt:

Nehmen wir mal Lotto, da wird es anschaulich. Die Wahrscheinlichkeit, überhaupt einen Gewinn zu haben, auch nur 3 Richtige, liegt bei 1,8 %, also eine 98,2%ige Wahrscheinlichkeit nichts zu gewinnen. Also die Aussagen „so gut wie sicher", „sehr wahrscheinlich" sind so sicher wie die Aussage: „Ich werde wieder einmal diese Woche nichts gewinnen". Doch plötzlich hat man die „3 Richtigen".

Dieser Vergleich ist natürlich unfair, denn es geht in der Wissenschaft ja nicht um reinen Zufall, sondern um sogenannte Kausalitäts-Ketten, also um Ursache und Wirkung. Nach dem Prinzip: Wenn „es warm wird", folgt daraus zwingend das auch „das Eis schmilzt". Ist für jeden Normalbürger eine ganz normale Aussage. Normalerweise verstehen wir es auch so, aber es muss nicht so sein, wenn die Erwärmung von -15 °C auf -10 °C erfolgt. Da schmilzt noch kein Eis. Deswegen muss man in der Wissenschaft auch genau sein, mancher würde sogar „pingelig" sagen. Aber nur so kommt das, was man aussagen will, der Wahrheit (Realität) am nächsten. Falls man es andersherum sagt: „Es ist wärmer geworden, das kann man am Schmelzen des Eises erkennen" wird das Problem noch deutlicher. Normalerweise ist diese Aussage auch richtig. Aber vielleicht ist ja auch Salz gestreut worden, und deswegen ist das Eis geschmolzen. Also man muss schon genauer hinsehen, um die wirklichen Ursachen zu finden. Ich erwähne das nur, weil der untere Teil dieser Liste eine Sicherheit suggeriert, die so nicht da ist. (z.B. 66 – 100 %). Was soll das aussagen?

Beim Münzwerfen sieht man es auch sehr deutlich. Es gibt immer 50 % Wahrscheinlichkeit für „Kopf" oder „Zahl" ohne jeden kausalen (ursächlichen) Zusammenhang. Wissenschaftliches Erkennen eines ursächlichen Zusammenhangs fängt überhaupt erst über 50 % an. Die Aussage von oben „wahrscheinlich" 66 - 100 % gaukelt etwas Genaues vor, was nicht da ist. Wissenschaftlich sollte man sagen, es gibt „Indizien" die dafür sprechen, dass es einem Zusammenhang geben könnte, aber wir sind weit davon entfernt das grundlegend verstanden zu haben. Das wäre ehrlich. Aber von 66 – 100 % zu schreiben ist nicht wissenschaftlich.

Mein Fazit der Seite 36 des IPCC-Reports:

Es wird erklärt wie man das, was man liest, bewerten soll. Also eine Einteilung wie die Klimawissenschaftler ihre Ergebnisse selbst beurteilen:

„Die Überzeugung, dass die Ergebnisse der einzelnen Arbeiten valide (belastbar) sind, basieren auf dem Typ, der Menge, der Qualität und dem gedanklichen Zusammenhang der Beweise. Beweise sind mechanistischer (hier ist Physik gemeint), theoretischer Natur, Daten basierter, Modell basierter oder Expertenbeurteilungs-basierter Art. Aber: Diese Überzeugung ist **qualitativ.**"

Also was hier schon mal auffällt, ist die Tatsache, dass es keinerlei praktische Versuche gegeben hat, um eventuelle Zusammenhänge labormäßig zu überprüfen. Zugegeben, in vielen Fällen schwierig.

Aber gerade die alles beherrschende Behauptung „CO2 ist ein Treibhausgas" ist durch keinerlei praktischen Versuch jemals bestätigt worden.

Das ist die Grundlage sämtlicher „Klimamodelle" und Auslöser dieser weltweiten Hysterie. Deswegen muss man gerade hier jeden noch so kleinen Zweifel an der Richtigkeit ausräumen. Das heißt:

Dieser Effekt des CO2 ist unwiderlegbar nachzuweisen!

Dazu gehört ein Versuchsaufbau, der diese Theorie eindeutig beweist:

Zwei Behältnisse, eines gefüllt mit normaler Luft, das andere Behältnis gefüllt mit Luft, die zusätzlich noch mit CO2 angereichert worden ist. Beide Behältnisse werden den natürlichen Bedingungen ausgesetzt. Jetzt sollte man den „Treibhauseffekt" durch Messung der Temperaturen in den Behältern direkt beweisen können. Der Behälter mit dem höheren CO2-Gehalt muss wärmer sein als der, der nur mit normaler Luft gefüllt ist. Das würde auch gleich als Ergebnis liefern, wie stark dieser

Effekt ist, wenn der CO2-Gehalt noch weiter steigt, bzw. im Experiment künstlich erhöht wird.

Das ist **die zwingende Voraussetzung,** um überhaupt eine solche Behauptung wissenschaftlich korrekt auszusprechen. Einen solchen einfachen Test und dessen Ergebnisse gibt es nirgendwo in diesem Buch, obwohl **das die Grundlage des gesamten „menschgemachten Klimawandels" ist.** Also erst mal eine herbe Enttäuschung und ein massiver Vertrauensverlust meinerseits in die Wissenschaftlichkeit und Glaubwürdigkeit dieser gesamten „Klima-Wissenschaft". Denn wenn man schon an der Basis unsauber arbeitet, was kommt dann noch alles? Es ist in der Wissenschaft ein „Muss" seine Ergebnisse so transparent wie möglich darzustellen. Aber die Erklärungen zu den einzelnen „Vertrauens-Kategorien" von Seite 36 lassen einen ziemlich ratlos zurück. Sie sind pseudo-wissenschaftlich und nur geeignet, Politiker und Laien hinter die Fichte zu führen!

Aber jetzt geht es mit der Besprechung der „technischen Zusammenfassung" wirklich los.

(Seite 37)
TS.2 Beobachtungen von Änderungen im Klimasystem
TS:2.1. Einführung
Beobachtungen des Klimasystems beruhen auf direkten physikalischen und biochemischen Messungen und Fernerkundung mit Satelliten und Bodenstationen. Informationen, abgeleitet aus paläo-klimatischen Archiven, stellen einen Langzeit-Kontext her. Beobachtungen auf globalem Level mithilfe von Instrumenten begannen Mitte des 19. Jahrhunderts. Paläo-klimatische Rekonstruktionen erweitern die Ergebnisse in

Bereiche von einigen Hundert bis zu Millionen Jahren. Zusammen erlauben sie einen umfassenden Blick auf die Variabilität und Langzeit-änderungen der Atmosphäre, des Ozeans und Kryosphäre (Sphäre des Eises) sowie der Landoberfläche. Die Bewertung der beobachtbaren Belege des Klimawandels wird in diesem Kapitel zusammengefasst. Substantielle Fortschritte in der Verfügbarkeit, dem Zugang zu, Qualität und Analyse von Beobachtungsdatensets für die Atmosphäre, Landflächen, Ozeane und Kryosphäre sind seit AR4 erfolgt. Viele Aspekte des Klimasystems belegen ein sich änderndes Klima.

Also wir erfahren in dieser Einführung, dass viel gemessen wird und mit paläo-klimatischen Archiven zusammen können wir einen umfassenden Überblick auf das Klima des gesamten Planeten in den letzten Millionen Jahre erhalten. Es wird die Behauptung aufgestellt: Man kann den jetzigen Klimawandel an Hand der Änderung des Mittelwertes der Temperatur über den gesamten Globus nachweisen. Seit 1850 steigt also der globale Mittelwert der Temperatur auf der Erde.

Bleiben wir doch zunächst mal bei dem Begriff „globaler Mittelwert der Temperatur". IPCC nennt diesen Wert GMST = global mean surface temperature = globale Durchschnitts- Bodentemperatur. Zur Einfachheit benutze ich diesen Begriff auch ab sofort in diesem Buch. Zu meiner Schulzeit hatte man uns erklärt, dass es auf der Welt „Klimazonen" gibt. Da gab es die Tropen, die Subtropen, gemäßigte Breiten, Arktis,... (Aufzählung ist wahrscheinlich unvollständig). Diese Zonen unterscheiden sich durch ihr Wetter (hauptsächlich die Temperaturen und die Regenmengen). Die Temperaturen reichen global grob von –50 °C bis + 50 °C.

Merkwürdig: Bei der Kenntnis von „Klimazonen"; ist es dann überhaupt sinnvoll eine globale Mitteltemperatur zu erfinden? Bei einem Anstieg von 1 °C entspricht das 1 % der gesamten Spannbreite von 100 °C. Also bestimmt nichts Weltbewegendes.

Zweite Merkwürdigkeit: Warum hat man eigentlich den Temperaturwert von ca. 1850 (+/- 15 Jahre)ausgewählt? War das Klima damals so besonders gut? Was hat es denn mit diesem Jahr auf sich?

Schauen wir doch mal wieder bei „Wikipedia" vorbei (Auszüge aus dem Artikel „Holozän"): Wichtige Aussagen habe ich **fett** hervorgehoben.

Zitat Wikipedia:

Zeit: vom 6. bis ins 2. Jahrtausend v. Chr. Ein Temperaturoptimum!
*Für die Zeit des Optimums gibt es nur **unsichere Angaben zu den herrschenden Jahresdurchschnittstemperaturen**.*

(Unsicher? Welche Spanne? 5 °C oder nur 1 °C)

Lokal deutlich unterschiedlichere Temperaturen als in der jüngeren Vergangenheit.
Zum Teil lagen die Temperaturen um mehrere Grad Celsius über den vor Beginn der Industriellen Revolution *und damit vor der allmählich einsetzenden globalen Erwärmung dort üblichen Werten, stellenweise jedoch auch deutlich unterhalb da-*

von. **Mehr als 2 °C wärmer waren vor allem Teile der Nordhalbkugel, darunter Südosteuropa (zwischen 13.000 und 11.000 Jahren v. Chr.), die Nordmeere (12.000 bis 10.000 Jahre v. Chr.) und der Osten Chinas (10.000 bis 6.000 Jahre v. Chr.).** *Baumgrenze in den Alpen: 200 bis 300 m höher, Baumgrenze in Sibirien und Nordamerika: bis zu 300 km weiter nördlich als heute. Wassertemperaturen im nördlichen Indischen Ozean und im tropischen Pazifik zwischen 13.000 und 7000 v. Chr. um 0,5 bis 2 °C unter den Werten vor der industriellen Revolution, stiegen aber im Altithermum auf 1 °C über dem heutigen Niveau.*
Global gemittelt wird eine Temperatur von weniger als 0,4 °C über den heute üblichen Werten angenommen.

Na, das ist ja mal eine Aussage; nachdem man zuvor sagt, dass alles unsicher ist und von „mehreren Grad Celsius wärmer; speziell 2 °C wärmer in Teilen der Nordhalbkugel spricht", meint man im letzten Satz sagen zu müssen, dass nur eine 0,4 °C höhere Temperatur als den heute üblichen vorgeherrscht hat. Und zwar global! Das ist unsinnig, wenn man sich den Anfang des Kapitels ansieht und am Ende den letzten Satz liest.

Das holozäne Optimum war demnach kein global einheitliches Phänomen, sondern wie jede Klimaphase regional ganz unterschiedlich ausgeprägt.

Regional unterschiedlich? Und heute? Uns wird doch tagtäglich eingetrichtert, dass die ganze Welt insgesamt wärmer wird!

Der bemerkenswerteste Unterschied des Altithermums im Vergleich zu heute war ein deutlich feuchteres Klima in den Wüstengebieten. Ganzjährige Flüsse in der Sahara und anderen heutigen Wüsten. Der Tschadsee hatte zu dieser Zeit etwa die Ausdehnung des Kaspischen Meeres. Giraffen, Elefanten, Nashörner und sogar Flusspferde in der Sahara. Siedlung und Viehhaltung war den Menschen damals in diesen Gebieten möglich. Gleiches wurde durch das feuchte Klima in der Thar (Pakistan) ermöglicht, wo der indische Sommermonsun deutlich stärker ausgeprägt war als heute.

Ja, was sagt man dazu! Es wird gesagt: Ein wärmeres Klima ist gut!

Klimapessimums von 4100 bis 2500 v. Chr.: Deutlich niedrigere Temperaturen Savannenvegetation geht abrupt zurück. 3200 bis 3000 v. Chr. wurde das Klima in den Wüstengebieten deutlich trockener, es begann die Desertifikation der Sahara. Die Bewohner der Sahara und anderer werdender Wüstengebiete mussten ihre Lebensräume verlassen.

Also auch hier die Aussage: Kälteres Klima ist schlecht!

Zeit: 4. Jahrtausend v. Chr. – <u>heute</u>

Eine weltweite Dürreperiode, die mehrere Jahrhunderte andauerte. Im Industal führte ein Abschwächen des Monsuns um bis zu 70 % zur Bildung der Wüste Thar. Ab etwa 3000 v. Chr. setzte im europäischen Raum eine ausgeprägte Kältepoche, das sogenannte Klimapessimum der Bronzezeit, ein. Die Jahresmittel-

*temperatur war deutlich kälter als heute, womit diese
Periode die kälteste seit Ende der Weichsel-Kaltzeit
darstellt. Sie hielt bis etwa Mitte des 1. Jahrtausends
v. Chr. an und ging dann in ein neues Klimaoptimum
über. Das sogenannte Optimum der Römerzeit. Die
Sommertemperaturen in Europa stiegen und **könnten Werte ähnlich denen des vergangenen Jahrhunderts erreicht haben, lagen aber unter den
heutigen.***

Woher auf einmal diese Gewissheit im letzten Halbsatz?
Seit dem 17. Jahrhundert benutzt man überhaupt erst
Thermometer. Die wirklichen Werte konnte man damals
wohl nur mit einer gewissen Genauigkeit bestimmen.
Meine Schätzung: +/-1 °C. Aber auch nur lokale Werte!
Globale Daten über den gesamten Globus? Es gibt kei-
ne –> Fehlanzeige!

*Hannibal gelingt die Überquerung der Alpen mit Ele-
fanten. 217 v. Chr. Römer bauen Wein auf den Bri-
tischen Inseln an. Erneute Klimaverschlechterung
(Pessimum der Völkerwanderungszeit) Hunnenvor-
marsch ausgelöst durch eine Trockenperiode in deren
zentralasiatischer Heimat. In Nord- und Nordwesteu-
ropa führten Ernteausfälle zu massiven Versorgungs-
problemen. Eine Dürreperiode in Zentralasien im 4.
Jahrhundert brachte schließlich den Handel auf der
Seidenstraße zum Erliegen. Die Erwärmung im 8. und
9. Jahrhundert wird als Mittelalterliche Klimaanomalie bezeichnet. Die Wikinger begannen mit der Besied-
lung Islands („Eisland") und Grönlands („Grünland"),
das damals wie heute an den südlichen Küstenstreifen*

*„grünes Land" aufweist. Gleichzeitig kam es in Amerika zu katastrophalen Dürren und in Europa gehäuft zu katastrophalen Sturmfluten, siehe dazu Liste der Sturmfluten an der Nordsee. 1362 erfolgte die Abtrennung der friesischen Inseln vom norddeutschen Festland durch die Zweite Marcellusflut. **Ab Mitte des 14. Jahrhunderts setzte eine Klimaveränderung ein, die insbesondere zwischen 1550 und 1850 ihren Höhepunkt fand.** Diese Neuzeitliche Klimaanomalie wird als Kleine Eiszeit bezeichnet. In nasskalten Sommern reifte das Getreide nicht mehr aus. Häufig traten nach Missernten Hungersnöte auf. Im Laufe der ersten Hälfte des 19. Jahrhunderts klang die Kleine Eiszeit zusehends aus.*

Zitatende Wikipedia

Also bis 1850 gab es eine „kleine Eiszeit"! Hört, hört!!

Was soll denn die Temperatur anderes machen als danach wieder zu steigen?

Was erwartet man denn nach einer kleinen Eiszeit? Also wenn es jetzt wärmer wird, ist das doch ganz normal und dazu noch positiv! Diesen Wert als Nullpunkt zu setzen ist hanebüchen. Wenn man das macht, dann doch nur um Werte, die unter diesem Nullpunkt liegen, als Warnung vor neuer Kälte aufzuzeigen! Änderungen zu wärmeren Temperaturen sind zu erwarten und gewünscht!

Wenn man sich jetzt wieder die Behauptung ansieht: Man kann den jetzigen Klimawandel, an Hand der Änderung des Mittelwertes der Temperatur, über den gesamten Globus nachweisen, so sollten einem unvoreingenommenen Leser doch klare Zweifel kommen. Woher kommen denn diese alten Daten aus den Ländern außerhalb Europas? Aber es geht weiter! Für das Feststellen einer Änderung braucht es erst mal zwei Werte, einen Basiswert und einen zweiten Wert. Dann berechnet man die Differenz! In allen Publikationen, die sich mit diesem Thema befassen, sieht man nie die wirklichen Temperaturen. Es wird die Temperatur der Zeit um 1850 als Basiswert „zu Null" gesetzt und es wird nur die Änderung gegenüber diesem Wert berichtet.

Der Nullpunkt um 1850

Wie schon oben erwähnt wird dieser Punkt auf der Zeitachse an den Punkt am Ausgang einer „kleinen Eiszeit" festgesetzt. Wie sinnig, dann sollte es doch wohl wärmer werden, oder versteh ich den Begriff „kleine Eiszeit" vielleicht falsch? Mit welcher Genauigkeit kann denn dieser Temperatur-Punkt überhaupt festgelegt werden; sprich: Wie viele Datenpunkte (meteorologische Stationen) auf der gesamten Welt gab es denn zu dieser Zeit? Was sagt denn der IPCC-Report NO. 5 auf Seite 37 darüber:

Informationen, abgeleitet aus paläo-klimatischen Archiven, stellen einen Langzeit-Kontext her. Beobachtungen auf globalem Level mithilfe von Instrumenten begannen Mitte des 19. Jahrhunderts. Paläo-klimatische Rekonstruktionen erweitern die Ergebnisse in Bereiche von einigen Hundert bis zu Millionen Jahren.

Also Daten aus verschiedenen Quellen wurden erhoben und zusammengefasst. Damit erreicht man einen Langzeit-Kontext. Welche Daten waren das denn?

Informationen von Wikipedia (kein direktes Zitat): Wirkliche reale Messungen mit Instrumenten gibt es erst seit 1781 von der Station auf dem hohen Peißenberg in Bayern. Auch eine Messreihe von 1779 von 39 Stationen überwiegend in Bayern aber auch auf Grönland und in Nordamerika (Mannheimer Akademie) ist in Wikipedia erwähnt. Ansonsten finden sich keine instrumentellen historischen Temperaturdaten. Das Flüssigthermometer, wie wir es kennen, wurde um 1750 eingeführt, zusammen mit verschiedenen Skalenbereichen (Celsius, Fahrenheit). Diese Thermometer waren, relativ zu unseren heutigen Möglichkeiten, ziemlich ungenau. Das möglichst genaue Ablesen einer Temperatur war und ist nicht ganz so einfach. Speziell Wassertemperaturen, die von Handelsschiffen auf ihren Reisen um die Welt gesammelt wurden, sind wohl relativ ungenau. Also festzuhalten bleibt:

Es gab um ca. 1850 (unser „Null-Jahr") kaum aufgezeichnete Messungen der Temperatur in Europa, geschweige auf der ganzen Welt. Wie will man da einen Null-Wert mit einer Genauigkeit von +/-0,1 °C für die ganze Welt angeben? Um für meine weiteren Betrachtungen einen Bezugspunkt zu haben, nehme ich einfach mal an, das die ominöse GMST wohl bei 14.5? +/- 1,0 °C gelegen hat. Mehr Genauigkeit lässt meine Betrachtung nicht zu! Nehmen wir das mal als **unseren Null-Wert!**

Weiter mit dem IPCC-Report. Wir sind in Kapitel TS.2.2. Änderungen der Temperatur

Unterkapitel: TS.2.2.1. Oberfläche
Es ist sicher, dass sich die globale Durchschnittstemperatur (GMST) seit dem späten 19. Jh erhöht hat (Bild TS.1 und TS.2). Jede der vergangenen letzten

58

drei Dekaden war auf der Landfläche aufeinander folgend wärmer als irgendeine Dekade in den Datensets, die instrumentell ermittelt wurden. Die 2000er waren bisher die wärmsten. Die global gemittelten Land- und Ozean-Temperaturdaten, berechnet als linearer Trend (Fußnote 1) zeigen eine Erwärmung von 0,85 (0,65-1,06) °C von 1880 bis 2012 (Fußnote 2).

Na, jetzt bekommen wir mal Daten zu sehen:

Daten von IPCC	Start-Jahr	End-Jahr	Dauer	Mit-tel-wert	Min.-Wert	Max.-Wert
	1880	2012	132	0,85	0,65	1,06

Jetzt nehmen wir unsere Unsicherheitsspanne des Nullpunktes von +/-1°C

Daten von IPCC	Start-Jahr	End-Jahr	Dauer	Mit-tel-Wert	Min.-Wert	Max.-Wert
	1880	2012	132			
+ 1°C				1,85	1,65	2,06
- 1°C				-0,15	-0,35	0,06

Jetzt haben wir ein Problem. Welchen Wert nehmen wir denn? Also von einem Temperaturrückgang von -0,35 °C bis +2,06 °C ist alles drin!

Die Daten ergeben einer Erwärmung pro 100 Jahre von 0,64 °C. Wenn es so weitergeht, werden wir im Jahr

2112 eine globale Erwärmung von 1,5 °C seit 1850 haben. Also ohne etwas zu tun erreichen wir das 1,5 °C Ziel. Ist doch super! Warum dann das ganze Gewese (Klimapolitik) hier bei uns in Deutschland? Außerdem sollten wir uns freuen. Früher war es immer besser, wenn es wärmer war. Nächster IPCC-Punkt:

Wenn mehrere unabhängig produzierte Datensätze existieren ungefähr 0,89 (0,69 bis 1,08)°C im Zeitraum von 1901 bis 2012.

Daten von IPCC	Start-Jahr	End-Jahr	Dauer	Mittelwert	Min.-Wert	Max.-Wert
	1901	2012	111	0,89	0,69	1,08

Jetzt nehmen wir unsere Unsicherheitsspanne des Nullpunktes von +/-1°C

Daten von IPCC	Start-Jahr	End-Jahr	Dauer	Mittelwert	Min.-Wert	Max.-Wert
	1901	2012	111			
+ 1°C				1,89	1,69	2,08
- 1°C				-0,11	-0,31	0,08

Die Daten ergeben einer Erwärmung pro 100 Jahre von 0,8 °C. Wenn es so weitergeht, werden wir im Jahr 2112 eine globale Erwärmung von 1,7 °C seit 1850. Wo ist das Problem geblieben? Nächster IPCC-Punkt:

Wenn 3 unabhängig produzierte Datensätze benutzt werden, sind es 0,72 (0,49 bis 0,89)°C im Zeitraum von 1951 bis 2012.

Daten von IPCC	Start-Jahr	End-Jahr	Dauer	Mit-tel-wert	Min.-Wert	Max.-Wert
	1951	2012	61	0,72	0,49	0,89

Jetzt nehmen wir unsere Unsicherheitsspanne des Null-punktes von +/-1°C

Daten von IPCC	Start-Jahr	End-Jahr	Dauer	Mit-tel-Wert	Min.-Wert	Max.-Wert
	1951	2012	61			
+ 1°C				1,72	1,49	1,89
- 1°C				-0,28	-0,51	-0,11

Die Daten ergeben einer Erwärmung pro 100 Jahre von 1,18 °C.

Wenn es so weitergeht, werden wir im Jahr 2112 eine globale Erwärmung von 1,9 °C gegenüber 1850 haben. Ja, da schau her, unsere Klimatologen versprechen uns sonnige warme Zeiten, die, wenn man den eigenen Mes-sungen und Aussagen vertraut, super für die Menschheit werden. Endlich mal gute Nachrichten an der Klimafront! Außerdem erkennt man, dass man wohl bei 1,5 bis 2 °C im Jahr 2112 landet.

Da kommt einem der Verdacht: Haben unsere Klimatologen dass auch schon erkannt und eine Art Rückversicherung in ihre Behauptungen eingebaut? Dann wären sie nämlich fein raus, wenn sie vielleicht im Jahr 2045 gefragt werden: Für was haben wir denn das ganze schöne Geld (100te Milliarden Euro) verpulvert?

Antwort: Voila! Wir sind immer noch auf dem 1,5 °C – Pfad! Ohne die Anstrengungen wären wir schon bei 2,8 °C oder noch viel mehr. Beweise doch mal das Gegenteil, du Klimaleugner! (ha,ha,ha)

Aber ernsthaft: Bisher sehe ich kein nennenswertes Problem. Alle Datensätze zeigen einen Temperaturanstieg von circa 1,75 °C bis zum Jahr 2112 gegenüber der Temperatur des Jahres 1850. Wenn man jetzt bedenkt, dass 1850 das Ende einer kleinen Eiszeit markiert, frage ich mich mal wieder: Wo ist das Problem? Im Gegenteil: freuen wir uns auf bessere wärmere Zeiten! Wenn 260 Jahre nach dem Ende einer kleinen Eiszeit, die etwa 300 Jahre gedauert hat, die globale Temperatur (GMST) um 1,75 °C angestiegen ist; das soll eine Klima-Katastrophe sein? Da fällt mir nur der Spruch von Obelix ein (Die spinnen, die ...)

Der Gesamtanstieg zwischen dem Durchschnittswert der Periode von 1850 bis 1900 und der 2003 bis 2012 Periode ist 0,78 (0,72 bis 0,85)°C basierend auf den linearen Trendschätzungen des Hadley Centre/ Climate Research unit gerasterten Oberflächentemperatur Datensets Nr.4 (HadCRUT4); des globalen

Oberflächentemperatur Datensets mit der längsten, ältesten Aufzeichnungen von den 3 unabhängig produzierten Datensets

Daten von IPCC	Start-Jahr	End-Jahr	Dauer	Mit-tel-wert	Min.-Wert	Max.-Wert
	1875	2008	133	0,78	0,72	0,85

Die Daten ergeben einer Erwärmung pro 100 Jahre von 0,59 °C.

Wenn es so weitergeht, werden wir im Jahr 2112 eine globale Erwärmung von 1,4 °C gegenüber 1850 haben. Also ich denke, wir haben genug gerechnet. Dieser letzte Satz sagt aus, dass, wenn man den Durchschnittswert der Jahre 1850 bis 1900 abzieht vom Durchschnittswert der Jahre 2003 bis 2012 ergibt das eine Erwärmung von 0,78 bzw. 0,72 bzw. 0,85 °C. Für das Jahr 2112 ergibt sich 1,4 °C mehr als 1850. Also sogar unter der ominösen +1,5 °C Schreckens-Temperatur. Mit diesem Ergebnis ist es schon eine Frechheit, hier überhaupt von einem Problem zu sprechen! Aber langsam wird die Überprüfung all dieser Aussagen langweilig.

Die Erwärmung von 1850-1900 bis 1986-2005 (Vergleichsperiode für das „modelling Kapitel" und dem Atlas (Führer?) in Annex 1 liegt bei 0,61 (0,55 bis 0,67)°C berechnet mit HadCRUT4 mit seinen Unsicherheiten. Es ist extrem sicher (99-100%) das Maximum- und Minimum-Temperaturen über Land sich in der Zeit seit 1950 global erhöht haben. (Fußnote 3)

Daten von IPCC	Start-Jahr	End-Jahr	Dauer	Mit-tel-wert	Min.-Wert	Max.-Wert
	1875	1996	121	0,61	0,55	0,67

Was soll ich jetzt noch schreiben? Wieder andere Daten von 1875 bis 1996. Was kommt heraus: Die Daten ergeben einer Erwärmung pro 100 Jahre von 0,50 °C. Wenn es so weitergeht, werden wir im Jahr 2112 eine globale Erwärmung von 1,4 °C gegenüber 1850 haben. Wenn man meint jetzt schon bei 1,2 °C zu sein, dann eben 1,7 °C mehr als 1850.

Trotz der belastbaren Übereinstimmung einer Erwärmung über mehrere Dekaden, existiert substantielle Variabilität im Grad der Erwärmung zwischen einzelnen Jahren sowie auch zwischen Dekaden. Dabei gibt es Perioden mit schwächerem Erwärmungstrend (einschließlich der Lücke seit 1998) Die Rate für die letzten 15 Jahre (1998 bis 2012): 0,05 (-0,05 bis +0,15) °C pro Dekade ist geringer als der Trend seit 1951: (1951 bis 2012) = 0,12 (0,08 bis 0,14)°C pro Dekade. Trends für kurze Zeiträume sind unsicher und sehr sensibel in Bezug auf die Wahl des Start- und Endjahres. Zum Beispiel sind 15-Jahre Trends die mit 1995,1996 bzw. 1997 beginnen sind:

Start-Jahr	Anstieg °C/Dekade	Fehler +/-
1995	0,13	0,02-0,24
1996	0,14	0,03-0,24
1997	0,07	-0,02- 0,18

Man kann an diesen Daten sehen, wie ungenau die Ergebnisse sind, nur allein wenn man das Startjahr ändert.

Mehrere unabhängig analysierte Datensätze (global und regional) der Land-oberflächen- Lufttemperatur, die man von Wetterstationen erhalten hat, sind in weitreichender Übereinstimmung das sich die Lufttemperaturen über Land erhöht haben. Meeresoberflächentemperaturen (SST) haben sich auch erhöht. Vergleiche von neuen SST-Datensätzen, die mit unterschiedlichen Messmethoden erhalten erstellt wurden; inclusive Satellitendaten, haben zu einem besseren Verständnis von Fehlern und „Bias" (Verzerrung) in den Daten geführt. Es ist unwahrscheinlich (0 – 33 %) das irgendwelche unkorrigierten städtischen Wärmeinseln-Effekte oder Landnutzungseffekte die globalen durchschnittlichen geschätzten Landoberflächen-Lufttemperaturtrends der letzten 100 Jahre mehr als 10 % über dem angegebenen Trend erhöht haben

Eine schöne Gelegenheit, mal an die Vertrauens-Werte zu erinnern. Sie wissen schon, aus der TS1.Box. Im letzten Satz steht, dass da etwas unwahrscheinlich (0 - 33 %) ist! Was genau? Nämlich das „unkorrigierte Wärme-Insel Effekte" den Erwärmungstrend erhöht haben.

Die Wahrscheinlichkeit, dass man beim Kniffel-Spiel mit 5 Würfeln drei gleiche Zahlen findet, liegt bei ~ 20 %, also im selben Wahrscheinlichkeitsbereich. Also circa jeder 5. Wurf würde drei gleiche Würfel liefert.

Dann würde ich jetzt, nachdem ich die Bewertung dieses Satzes gelesen habe, behaupten, dieser Satz sagt, dass „unkorrigierte Wärmeinsel-Effekte", die zu Messfehlern führen, bei jeder 5. Messstation auftreten. So etwas nennen Sie dann unwahrscheinlich. Ich finde das erschreckend, wenn man bedenkt welchen Konsequenzen in der Politik in Deutschland diese fragwürdige Betrachtungsweise ausgelöst hat und noch immer tut.

Dies ist ein Durchschnittswert. Einige regionale Trends haben sich durch, die sich schnell entwickelte städtische Wärmeinsel-Einflüsse und Landnutzungsänderungen-Einflüsse signifikant (substantiell, wesentlich mehr als 10 %) erhöht. Es besteht hohes Vertrauen (Zuversicht) dass die jährliche Erhöhung der globalen Oberflächentemperatur im 20. Jahrhundert den langzeitigen Abkühlungstrend in den mittleren bis hohen Breitengrade auf der Nordhalbkugel der letzten 5000 Jahre umgekehrt hat.

Ja sieh an, also doch Wärmeinsel-Effekte! Langsam werden mir diese Leute unheimlich. Der zweite Satz widerspricht, der vorherigen Aussage um 100 %. Aber woher kommt denn auf einmal diese Aussage eines 5000 Jahre alten Abkühlungstrends. Könnte man mal Genaueres bei der Diskussion über so ein wichtiges Thema erfahren? Speziell bei diesem Punkt nochmal selbst das nachlesen, was Wikipedia über die letzten 6000 Jahre schreibt.

Die Periode von 1983 bis 2012 auf der Nordhalbkugel war sehr wahrscheinlich (90 – 100 %) die wärmste 30-Jahre-Periode der letzten 800 Jahre, (hohes Vertrauen) und wahrscheinlich die wärmste der letzten 1400 Jahre (mittleres Vertrauen).

Also langsam werde ich konfus: Eben wird gesagt die Temperatur-Erhöhung im 20. Jahrhundert hat einen 5000jährigen Abkühltrend umgekehrt, und jetzt wird gesagt, dass die Periode von 1983 bis 2012 die wärmste seit 1400 Jahren ist. Das ist doch das Gleiche und anscheinend gut für uns. Man stelle sich eine Fortsetzung des 5000jährigen Abkühltrends vor.

Das wird unterstützt durch Vergleich von gemessenen Temperaturen mit vielen Temperatur-Rekonstruktionen mithilfe einer Vielzahl von „Proxy"daten und statistischen Methoden.

Erklärung: „Proxy"-Daten

Zitat Wikipedia:

Ein Klimaproxy (englisch proxy „Stellvertreter") ist ein indirekter Anzeiger des Klimas, der in natürlichen Archiven wie Baumringen, Stalagmiten, Eisbohrkernen, Korallen, See- oder Ozeansedimenten, Pollen oder menschlichen Archiven wie historischen Aufzeichnungen oder Tagebüchern aufgezeichnet wurde. Klimaproxys können zur Rekonstruktion des Klimas der Vergangenheit herangezogen werden, als noch keine instrumentelle Aufzeichnung existierte.
Aus einem Proxy lässt sich ein qualitatives Bild über vergangene Änderungen von Klimaelementen gewinnen, es lassen sich beispielsweise Perioden nach wärmer – kälter, trockener – feuchter unterscheiden. Um aus einem

*Klimaproxy ein quantitatives Bild über Temperaturen,
Niederschläge oder andere vergangene Klimazustände
zu erhalten, muss man eine Transferfunktion, auch Kli-
maproxy-Funktion genannt, durch Kalibrierung und
Verifizierung herleiten. Am Anfang steht die Alters-
bestimmung des untersuchten Archivs und die zeitliche
Einordnung der Proxydaten. Man wählt einen Zeitraum,
für den Daten der gesuchten klimatischen Größe schon
vorliegen, zum Beispiel instrumentelle Messdaten. Man
kalibriert die Proxydaten an den Messdaten, das heißt,
man leitet eine funktionale Beziehung, die Transferfunktion, zwischen Proxy- und Messdaten her. Anhand
dieser Transferfunktion berechnet man für einen weiteren Zeitraum, für den ebenfalls schon Daten der gesuchten klimatischen Größe vorliegen, aus den Proxy-
daten die erwarteten Klimadaten. Diese so berechneten
Daten vergleicht man mit den vorliegenden Daten und
prüft, ob die Berechnung hinreichend genau ist; man
verifiziert die Transferfunktion. Nun kann man für
Zeiträume, für die keine Messdaten vorliegen, aus den
Proxydaten näherungsweise Klimagrößen berechnen.
Proxys für die Rekonstruktion von Temperaturen vergangener Zeiten sind beispielsweise TEX86 und δ18O
(Delta-O-18), wobei das letztgenannte Verfahren auch
Aussagen zur Niederschlagsintensität ermöglicht.*

Zitat-Ende

Meine Analyse dieses Wikipedia-Eintrags: Es wäre schön,
wenn man mal anhand von ein oder zwei Proxy-Daten
den Prozess mal durchgeht, um in etwa Genauigkeiten
abschätzen zu können. Denn wirkliche Messdaten gibt

es offensichtlich nur seit ca. 1781, und diese sind auch nur sehr regional. Alle Proxydaten müssen sich also auf diese Daten beziehen (Temperatur, Regenmengen,...). Das sind die Daten, die für unsere heutige „Klimapanik" von Bedeutung sind. Man hat schlicht und einfach keine besseren. Ansonsten kann ich mit den Aussagen wärmer/kälter oder trockener/feuchter nichts anfangen. Also Aussagen, die mithilfe von Proxydaten angeblich genaue wirkliche Zahlenwerte angeben (z.B. „Es war vor 2500 Jahren 3,5 °C kälter als heute") sind für mich unsinnig. Für mich gilt: Temperatur-Klimaproxy-Daten habe eine maximale Genauigkeit von +/- 2,5 °C.

Was soll man dann noch von Zeitungsmeldungen wie dieser im Sommer 2023 halten:

Wissenschaftler haben herausgefunden, dass der Juli 2023 der heißeste Juli der letzten 125.000 Jahren war. Ich weiß nicht, wie blöde man sein muss, um so etwas zu publizieren. Tut mir leid, aber ich finde kein höflicheres Wort mehr für diesen Mist.

Aber zurück zum IPCC-Report:

Die Datenlage ist konsistent mit der Datenlage von AR4. Oberflächentemperatur-Rekonstruktionen zeigen mit hoher Zuverlässigkeit (hohes Vertrauen) mehrere jahrzehntelange Perioden; während der mittelalterlichen „Klima-anomalie" (950 bis 1250) in denen es in einigen Regionen so warm war wie in der Mitte des 20. Jahrhunderts und in anderen Regionen sogar so warm wie am Ende des 20. Jahrhunderts. Diese regionalen Warmzeiten waren aber nicht so synchron über die Regionen als die Erwärmung seit der Mitte des 20. Jahrhunderts.

Woher, zum Teufel, nimmt man wieder diese Weisheit „nicht so synchron wie heute" bei Daten von 950 bis 1250! Das sind unnütze Aussagen! Synchronität – was ist damit eigentlich gemeint? Heute wird viel häufiger gemessen als vor 1000 Jahren. Damals **wurde gar nicht** gemessen! Eine Aussage, ohne von einem einzigen validen Datenpunkt belegt zu sein! Außerdem sagen sie noch, dass es in den Jahren 950 bis 1250 so warm war wie heute! Wieder der Hinweis unser heutiges Klima war schon mal da, ist nichts Besonderes!

Basierend auf dem Vergleich zwischen Rekonstruktionen und Simulationen.

Also jetzt wird der Hund in der Pfanne verrückt! Hier vergleicht man Rekonstruktionen Proxy-Daten (+/-2,5 °C) mit Simulationen; also ausschließlich im Computer erzeugte Daten untereinander. Da kann man dann auch gleich in die Glaskugel schauen, oder beim Regenmacher seines Vertrauens nachfragen! Da bekommt man wohl eine bessere Auskunft.

gibt es mit hoher Wahrscheinlichkeit (high confindence) nicht nur externe orbitale, sonnenabhängige oder vulkanische Kräfte, sondern auch interne Variabilität.

Also, es gibt auch noch was, was nicht erklärt werden kann. Ich gehe mal davon aus, dass in den Modellen der „Treibhaus-Effekt des CO2" eingepreist ist. Trotzdem gibt es immer noch etwas Unbekanntes! Bei der Fehleranfälligkeit beider Vergleichspartner erübrigt sich jede weitere Diskussion.

Dies trägt substantiell zu dem räumlichen Muster und Zeitablauf von Oberflächen-Temperaturwechseln zwischen dem Zeitraum der mittelalterlichen „Klima-anomalie" und der „kleinen Eiszeit (1450-1850) bei.

Ich weiß nicht, was diese Aussage mit der vorherigen zu tun hat. Es gab Muster der Temperaturverteilung in Raum und Zeit; und zwar während des Klima-Optimums und auch während der kleinen Eiszeit. Vulkane, Sonnenaktivität und anderes haben dazu beigetragen, diese Muster zu erzeugen.

Also, man legt die „Rekonstruktions-Temperatur-Kurve" über die „Simulations-Temperatur-Kurve". Beim Übereinanderlegen der beiden Kurven finde ich Abweichungen. Welche Kurve stimmt denn nun? Eine der beiden muss ja fehlerhaft sein! Das Abweichen nennt man jetzt „interne Variabilität". Gut, das kann man machen. Es beantwortet aber immer noch nicht die Frage „Sind die Proxi-Daten Schrott oder sind es die Simulationsdaten?" Was soll's, anscheinend egal! Langsam tendiert bei mir der Glaube an diese Wissenschaft in Richtung Voo-Doo! Kommen wir zurück auf die Ausgangsbehauptung:

Man kann den jetzigen Klimawandel, an Hand der Änderung des Mittelwertes der Temperatur, über den gesamten Globus nachweisen.

Alles, was ich bisher zusammengetragen habe, lässt mich doch sehr enttäuscht zurück. Wenn man es genau nimmt, gilt nur eines als einigermaßen gesichert: Es wird langsam wärmer und zwar mit etwa 1 bis 2 °C pro Jahrhundert. Das war zu erwarten am Ende einer „kleinen Eiszeit". Auch diese Steigerung der Temperatur ist weder besorgniserregend noch außergewöhnlich. Teil-Erkenntnisse meines Studiums des IPCC Reports lassen in mir den Verdacht aufkommen, dass man sich mithilfe von Computersimulationen eine eigene Theorie zusammenbaut, die aber kein solides Fundament hat. Es kommt mir manchmal so vor, wie bei Baron Münchhausen, der sich am eigenen Zopf aus dem Sumpf herauszieht, mitsamt seinem Pferd!

Nochmal zurück zur Auswahl des Zeitraums für den Nullpunkt.

Die industrielle Revolution hat starke, tiefgreifende Änderungen in der Geschichte der Menschheit gebracht. Die Gesellschaft änderte sich von einer Agrar- zu einer Industriegesellschaft. Diese Änderungen gingen einher mit positiven und aber auch mit negativen Fakten. Wichtig für mich ist, dass der Mensch erkannt hat, dass man mithilfe von Maschinen, die Wärme in Arbeit umwandeln konnten, sich selbst von harter körperlicher Arbeit mehr und mehr befreien konnte. Der Einzelne wurde produktiver (konnte mehr Güter produzieren) sodass diese produzierten Güter für viel mehr Menschen als zuvor erschwinglich wurden, und damit ein besseres Wohlergehen für alle erreicht wurde. Dieser Prozess begann ab ca. 1760 (Dampfmaschine) und läuft im Grunde bis heute, wobei mittlerweile, durch die Anwendung von Computern, wieder ein neuer Schub von Veränderung ansteht. Ich hoffe und glaube nicht, dass man diesen Nullpunkt im Zeitablauf vom IPCC so gewählt hat, um diese industrielle Revolution zu verteufeln. Das wäre wohl das Schlimmste, das man der Menschheit antun könnte, denn sie war und ist insgesamt betrachtet ein Segen! Deswegen muss es noch andere Gründe für die Auswahl dieses „Nullpunktes" geben. Ich denke, man hat diesen Punkt gewählt, weil erst seit circa dem Jahr 1800 wirklich Messdaten vorliegen. Aber dann muss man das auch dazu sagen, und das es solche Daten nur für Europa gibt. Eine **globale** Temperatur von circa 1850 kann nur mit relativ großer Ungenauigkeit **geschätzt** werden.

Fazit dieses Absatzes: Null Punkte für eine Klima-Katastrophe. Im Gegenteil eine Änderung des Klimas ins positive ausgehend von einer kleinen Eiszeit.

Also: Sehr gut! Weiter so!

Dann gehe ich jetzt mal weiter in dem IPCC-Report (Seite 37)

TS.2.2.2. Troposhäre und Stratosphäre
Basierend auf mehrfachen unabhängigen Analysen von Messungen durch Radiosonden und Satellitensensoren ist es sehr sicher (nahezu sicher 99 – 100 %) das sich global die Troposphäre erwärmt und die Stratosphäre abgekühlt hat, und zwar seit Mitte des 20. Jahrhunderts. Trotz der Einmütigkeit über das Vorzeichen dieses Trends gibt es substantielle Uneinigkeit zwischen veröffentlichten Schätzungen zur Rate der Temperatur-änderungen. Speziell außerhalb der nördlichen Hemisphäre, der außertropischen Troposphäre, gilt dies. Die nördliche Hemisphäre wurde gut beprobt durch Radiosonden. Dennoch gibt es nur eine mittlere Wahrscheinlichkeit (mittleres Vertrauen) bei der Rate der Änderung und auch ihrer vertikalen Struktur in der nördlichen Hemisphäre, der außertropischen Troposphäre und sogar nur eine geringe Wahrscheinlichkeit sonst irgendwo (niedriges Vertrauen)

Das heißt doch nichts anderes, als das man die Erwärmung der Troposphäre nicht wirklich gut erfasst hat und versteht! Das ist kein gutes Zeugnis nach 50 Jahren Klimaforschung. Aber was noch viel schlimmer ist. Diese Aussage wirft **ein sehr negatives** Schlaglicht auf sämtliche Klima-Simulationen in Computern. Wenn man sich in den Basis-Dingen noch nicht mal einig ist, kann dabei nichts Vernünftiges herauskommen!

Zum Nachlesen was eigentlich die Troposphäre und die Stratosphäre ist ->

Zitat Wikipedia:

Die Troposphäre ist die unterste Schicht der Erdatmosphäre und Teil der Homosphäre. Die Troposphäre reicht vom Erdboden bis zum Beginn der Stratosphäre. Die Grenze dazwischen wird Tropopause genannt. Ihre Dicke beträgt etwa 8 Kilometer an den Polen (wo sie im Winter bis zu 2 Kilometer niedriger ist als im Sommer) und 18 Kilometer am Äquator. In der Troposphäre sind etwa 90 Prozent der gesamten Luft sowie beinahe der gesamte Wasserdampf der Erdatmosphäre enthalten. Da sich in ihr der Großteil des Wetters abspielt, spricht man auch von der Wetterschicht (oder Advektionsschicht) der Atmosphäre.
Die Stratosphäre ist die zweite Schicht der Erdatmosphäre. Sie liegt über der Troposphäre und ist Teil der Homosphäre. Der Grenzbereich zwischen Stratosphäre und Troposphäre wird als Tropopause bezeichnet. Diese liegt in einer Höhe zwischen ungefähr 8

*Kilometern an den geografischen Polen und circa 18
km am Äquator. Über der Stratosphäre schließt sich
die Mesosphäre an. Die Grenze ist die Stratopause in
etwa 50 km Höhe.*

Zitat-Ende

Im IPCC-Report sagt man, dass man durch mehrfache
und unabhängige Messungen durch Radiosonden und Satellitensensoren sehr sicher ist, dass sich seit Mitte des
20. Jahrhunderts es unten wärmer und oben kälter geworden ist. Man ist sich einig über das Vorzeichen (also
+ für wärmer und – für kälter). Man ist sich aber stark
uneinig darüber, wie hoch die geschätzte Rate der Veränderung ist. Bei der Nordhalbkugel scheint man sich
noch einigermaßen einig zu sein, aber nicht so beim Rest.
Obwohl man die nördliche Hemisphäre gut beprobt hat,
durch Radiosonden, gibt es Uneinigkeit bei der Rate der
Änderung als auch bei der Höhenstruktur; will heißen:

Wo und wie schnell ändert es sich denn, weiß man
nicht! Beim Rest der Welt ist der Streit darüber noch viel
größer! Das wiederum heißt nichts anderes: Man versteht
die Erwärmung im Grunde genommen noch nicht. Wie
kann man auf einer solchen Basis überhaupt Computer-
Modelle entwickeln? Sind die mathematischen Zusammenhänge nur geschätzt? Bei diesem wichtigen Thema?
Fazit dieses Teils:

Kein Vertrauen in die Aussage: „die Klimawissenschaft hat alles verstanden".

Aber Vertrauen in die Aussage: Klimamodelle sind
zweifelhaft, weil sogar die Basisdaten umstritten sind.

Verlassen wir jetzt den Luftraum und gehen zu den Ozeanen.

Also weiter im IPCC-Report (Seite 38) Kapitel TS.2.2.3.

Hier zunächst ein Schaubild

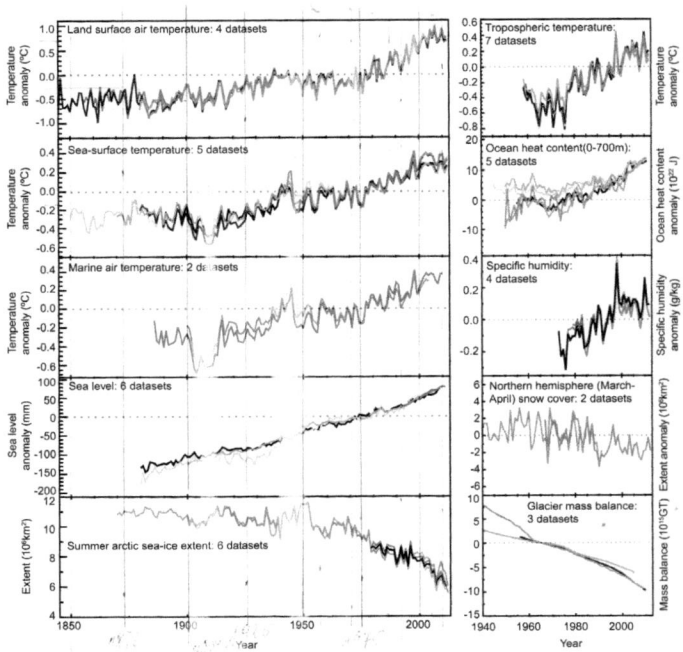

Figure TS.1 | Multiple complementary indicators of a changing global climate. Each line represents an independently derived estimate of change in the climate element. The times series presented are assessed in Chapters 2, 3 and 4. In each panel all data sets have been normalized to a common period of record. A full detailing of which source data sets go into which panel is given in Chapter 2 Supplementary Material Section 2.SM.5 and in the respective chapters. Further detail regarding the related Figure SPM.3 is given in the TS Supplementary Material. [FAQ 2.1, Figure 1; 2.4, 2.5, 3.2, 3.7, 4.5.2, 4.5.3]

Reference:

IPCC 2013: Climate change 2013: The Physical Science Basis. Contribution of Working group I to the fifth Assessment Report of the Intergovernmental Panel on Climate Change (Stocker, T.F., D. Qin; G.-K. Plattner, M.Tignor, S.K. Allen, J. Boschung, A. Nauels,, Y Xia; V. Bex, and P.M. Midgley(eds)), Cambridge University Press, United Kingdom and New York, NY, USA

Man kann erkennen, dass sich das Meer seit den 70er Jahren um ~ 0,3 °C aufgewärmt hat.

> *TS.2.2.3. Ozean*
> *Es ist extrem sicher (nahezu sicher) das sich der obere Ozean (über 700m) seit 1971 bis 2010 erwärmt hat und wahrscheinlich (66 – 100 %) das er sich auch von 1870 bis 1971 erwärmt hat (Bild TS.1)Eine geringere Sicherheit besteht in Änderungen vor 1971 wegen relativ spärlicher Probennahmen in früheren Zeiten.*

Also für die Zeit von 1870 bis 1971 weiß man nichts, weil keine Daten vorliegen. OK, das ist noch logisch und nicht zu ändern! Den Rest der Aussage kann man als Poesie abhaken!

> *Instrumentelle Fehler (bias) bei historischen Ozean-temperaturmessungen wurden identifiziert und seit AR4 (dem vorherigen Report) reduziert.*

Frage: Wie hat man denn Fehler bei historischen Daten reduziert?

Antwort:

> *Dabei hat man künstliche (artificial) Dekaden-variationen bei der Temperatur und dem Wärmeinhalt*

im oberen Ozean verringert, die meist während der
1970er und 1980er Jahre auftraten. (Einzelheiten
dazu in Kapitel 3.2.1. bis 3.2.3. sowie 3.5.3.)

Dekaden-Variationen: Was soll das denn sein? Hilft nichts, man muss diesen Satz zerlegen! Also eine Dekade sind 10 Jahre. Beim Vergleich der Dekaden untereinander gab es Variationen. Ist logisch und zu erwarten! Man hat dann definiert, dass diese Variationen „künstlich" sind? Also das es wohl keine echten Variationen sind, sondern nur Messfehler? Oder man hat erkannt, dass andere Phänomene an diesen Variationen schuld sind, benennt diese aber nicht, oder man kennt sie nicht! Frage: Wie hat man das erkannt? Hat man z.B. Messfehler gefunden oder passten vielleicht diese Variationen nicht ins selbstgezeichnete Bild einer Erwärmung?

Jetzt wird's spannend: Diese Variationen sind meist in den 1970 und 1980 Jahren aufgetreten. Also vorher redet man über historische Daten, und jetzt auf einmal über Daten von 1970 bis 1990? Ich bin langsam sehr verwirrt! Man hat historische Daten „frisiert" mit Daten von 1970 bis 1990, die auch ein Problem haben, sie haben ja „künstliche Dekadenvariation bei der Temperatur". Aber diese Variation hat man verringert und damit gleichzeitig bei den historischen Daten Fehler verringert! Also jetzt wird es komplett irre. In dem verzweifelten Versuch aus alten (historischen) Daten doch noch was Brauchbares raus zu lutschen, sind hier Verrenkungen beschrieben, die ich so noch nie gesehen habe!

Als Zusammenfassung dieser neun Zeilen:

Für die gesamte Zeit von 1850 bis 1971 kann man nichts aussagen, weil die Daten einfach nicht vorhanden sind. Die Daten seit 1971 bis 2010 zeigen bedeutende 10-jährige Variationen auf. Die kann man sich nicht erklären und sie passen wohl nicht so recht ins Bild, das man zeichnen möchte. Deswegen werden sie als „kürzlich" definiert. Man muss sie also „umarbeiten". Wie viel und mit welcher Logik bleibt unbekannt. Unter dem Eindruck dieser neun Zeilen dann auch noch von „extrem gesichert" zu sprechen ist unwissenschaftlich und nur noch amüsant. Zum Schluss auch noch ein Verweis das man Genaueres in den Einzelkapiteln findet. Mir bleibt auch nichts erspart. Aber da muss ich durch. Also auf zu den genannten Teilkapiteln

Kapitel 3 Unterkapitel 3.2.1.
Probenahme-Effekte beim der Abschätzung des Wärmeinhalts des Ozeans
Temperatur ist die am meisten gemessene Größe im Unterwasserbereich des Ozeans.
Historisch wurden viele verschiedene Arten von Instrumenten hierbei benutzt. Hierbei gab es Unterschiede in der Genauigkeit der Messung, der Präzision der Instrumente sowie auch in der Tiefe der Probenahme. Beides, die Verschiedenartigkeit der Messinstrumente sowie auch die Probenahme-Schemata haben sich zeitlich und räumlich verändert. Das verkompliziert natürlich den Versuch der Bestimmung und Interpretation von Langzeitänderungen. Die Entwicklung des Beobachtungssystems der Ozeantemperatur ist in Appendix 3 A zusammengefasst. Die obere Ozean-Temperatur, und damit auch der Wärmeinhalt, variiert über mehrere Zeitskalen und beinhaltet jahreszeitliche sowie zwischenjährliche Er-

eignisse (zb: El Nino), die einen starken Einfluss auf die Wärmeaufnahme des Ozeans haben. Produkte (ich denke damit sind Computerberechnungen gemeint) *die diese Daten benutzen, zeigen ähnliche beachtliche Variationen. Spärliche historische Beprobung in Verbindung mit starken Schwankungen in kurzen Zeitperioden sowie Schwankungen der räumlichen Zuordnung ist eine Herausforderung um globale Abschätzung der oberen Ozeantemperaturen-Änderung zu bestimmen.*

Eine seriöse wissenschaftliche Abhandlung würde dann in diesem Punkt erklären, dass es keine Daten gibt und man deswegen keinerlei Aussagen machen kann. Begriffe wie: vermuten, wahrscheinlich oder anderes Gerede; fast alles ohne Fakten sind einfach unwissenschaftlich. Sie täuschen ein Wissen vor, das sich bei genauem Hinsehen nicht mal als Halbwissen darstellt. Das ist aber nicht die Schuld des einzelnen Wissenschaftlers. Aber wenn man als Leiter eines Autoren-Teams und danach vielleicht auch noch als Experte oder Reviewer namentlich genannt wird, würde ich ehrlicher sein. Wo keine Daten sind, da kann man nichts aussagen. Basta!

Unbestimmtheits-Analysen lassen vermuten dass die historischen Datensätze wohl erst ab 1970 einigermaßen sinnvoll benutzt werden können um Änderungen zu bestimmen. Die Unsicherheit bei der Abschätzung des UOHC(upper ocean heat content)wird durch verbesserte Beprobung besser, sodass sich dieser Sachstandsbericht auf die Zeit seit 1971 fokussiert

Also dann bitte auch keine Diagramme zeigen, die 150 Jahre alte Daten beinhalten. Das ist sonst vorsätzliche Täuschung.

Abschätzungen des UOHC wurden ausgeweitet bis 1950, durch Durchschnittsbildung über Langzeitbereiche, wie etwa durchlaufende 5-Jahres Mittelwerte um spärliche Datenmengen zu kompensieren.

Das wird jetzt wirklich zur Pseudowissenschaft. Dieses Kapitel geht jetzt im Originalreport (alles auf Englisch) noch so weiter. Da spar ich mir die komplette Übersetzung. Bisher eigentlich nur Geschwurbel! Der werte Leser sollte selbst nachsehen, ob er hier noch Verwertbares findet. Ich habe genug!

Die nächsten Kapitel (3.2.2.; 3.2.3. sowie 3.2.5.) erfasse ich in meinen Worten, aber der Kontext bleibt erhalten

3.2.2.Obere Ozeantemperatur sowie 3.2.3 Wärmeinhalt des oberen Ozeans

Ich fasse diese beiden Kapitel zusammen, da sie sich im Wesentlichen in ihren Erkenntnissen nicht unterscheiden können, weil die beiden Parameter „Temperatur" und „Wärmeinhalt" einen physikalisch klar definierten Zusammenhang haben.

Trends von Temperaturen (tiefen-gemittelt 0-700m) von 1971 bis 2010 sind positiv im Großteil des Ozeans.

Was heißt positiv, was heißt Großteil: 80 % oder nur 50 %? Wieder einmal: „Nichts genaues weiß man nicht"!

Die Erwärmung ist auf der Nordhalbkugel ausgeprägter, speziell im Nordatlantik.

Was heißt ausgeprägter und dann noch speziell Nordatlantik?

Jedoch das größere Volumen des südlichen Ozeans und dessen Beitrag seiner Erwärmung steigert den globalen Wärmeinhalt des Gesamtozeans.

Was soll man dazu sagen? Der Satz sagt eigentlich: Der südliche Ozean ist größer. Er hat sich auch erwärmt. Damit hat er seinen Beitrag zur Gesamterwärmung des Weltmeeres geliefert. WOW!! Welch eine Erkenntnis! Nur Geschwurbel ohne irgendwelche wenigstens halbquantitative Aussagen!

Ein Maximum an Erwärmung ab 30° Südlicher Breite zeigt sich in Bild 3.1.b ist aber nicht so ausgeprägt wie in anderen Analysen, wahrscheinlich weil die Daten in diesen Bereichen so spärlich sind, sodass Anomalien verstärkt werden, die objektiv gemessen wurden.

Also: Man hat „Anomalien" im Verhältnis zu „Was?" gemessen; vielleicht zur „Erwärmungstheorie"? Diese Anomalien passen nicht ins Bild. Deswegen ist die Erwärmung nicht so ausgeprägt wie in anderen Analysen (welche anderen Analysen?). Außerdem wird hier direkt gesagt, dass „Anomalien" objektiv gemessen wurden. Also was gilt denn jetzt, die objektiv gemessenen Anomalien oder die anderen spärlichen Messungen? Also Leute ernsthaft! Das hier hat nichts mehr mit Wissenschaft zu tun!

In den ersten 1000 m des südlichen Ozeans war die Erwärmung in den 1930er Jahren und in den 1970er Jahren stärker als in dem Zeitraum der 1970er bis 1990er Jahre.

Na sieh mal einer an, in den 1930er Jahren war die Erwärmung also stärker als in unserer Zeit. Woher kam das denn? Aber halt mal! Ich denke, die Daten vor 1971 sind sowieso so spärlich, dass man eigentlich nichts aussagen kann. Was gilt denn jetzt? Total konfus das Ganze!

Ein anderes Erwärmungsmaximum gibt es von 25° Nord bis 65° Nord. Beide Erwärmungs-Anzeichen reichen bis 700 m Tiefe und sind konsistent mit der polwärts gerichteten Verschiebung des mittleren Temperaturfelds. Andere zonenmäßige Verschiebungen der mittleren Temperatur polwärts sind auch konsistent mit den vorherigen Aussagen. Zum Beispiel: Abkühlung in der Tiefe zwischen 30° Süd und dem Äquator ist konsistent mit einer südwärts Verschiebung von kälterem Wasser nahe dem Äquator.

Misst man hier eventuell nur Verschiebungen der großen allgemeinen bekannten Meeresströmungen (Golfstrom; Benguela-Strom,...?), was ja nicht zwingend etwas mit Erwärmung zu tun haben muss.

Konklusionen

Es ist fast sicher dass der obere Ozean (0-700m) sich von 1971 bis 2010 erwärmt hat. Dieses Ergebnis wird unterstützt durch 3 unabhängige und konsistente Beobachtungsmethoden. Erstens verschiedene Analysen von Unterwasser-Temperaturmessungen, wie hier beschrieben; zweitens durch Meeresoberflächen-Temperaturen gemessen von Satelliten und vor Ort Messungen durch Driftbojen und Schiffen und drittens durch Aufzeichnungen des Meeresspiegelanstiegs, welcher einen substantiellen Anteil durch Erwärmung hat. Die Erwärmungsrate liegt bei 0,11 (0,09- 0,13 °C) pro Dekade in den oberen 75 m, fällt ab auf ungefähr 0,015 °C pro Dekade bis 700 m Tiefe. Es ist wahrscheinlich dass die Intensivierung der Erwärmung der Meeresoberfläche die Schichtung der Wassersäule im oberen Ozean (0-200m) um ungefähr 4 % erhöht hat von 1971 bis 2010.

Danach kommen noch mehr Spekulationen über Erwärmungstrends der ersten Hälfte des 20. Jahrhunderts, verschiedene Tiefen und Zonen. Ich erspare mir hier eine wörtliche Übersetzung. Es wird über 0,01 °C; 0,03 °C spekuliert. Also seit Beginn regelmäßiger Messungen (ab 1971) hat man also 0.11 °C pro Dekade gemessen (0 – 75 m) sowie 0,015 (75-700m). Die Schwankungen innerhalb des obigen Diagramms zeigen Kurzzeitschwankungen von 0,1 °C innerhalb von circa 3 Jahren, also 0,3 °C pro Dekade! Auch die Datenpunkte von 1930 bis circa 1940 zeigen bis etwa 0,4 °C pro Dekade. Was ist jetzt eigentlich das Problem? So genug von den Kapiteln. Es wird nicht besser, wenn man tiefer gräbt! Kommen wir zurück zur Technical Summary damit wir dort weiterkommen! Vorher noch das Fazit: Null Punkte für eine Klima-Katastrophe. Kein eindeutiges Anzeichen einer Erwärmung des Ozeans, aber 10 Punkte für das literarische Geschick der Autoren!

Jetzt geht's weiter mit dem Report von Seite 38:

Es ist wahrscheinlich (66 – 100 %) das sich der Ozean von 700 bis 2000 m Tiefe von 1957 bis 2009 erwärmt hat, basierend auf 5 Jahres-Durchschnittswerten. Es ist wahrscheinlich (66 – 100 %) (hier ganz schön wieder zu beobachten wie mit der Wahrscheinlichkeit etwas vorgegaukelt wird) *das sich der Ozean von 3000 m bis zum Grund von 1992 bis 2005 erwärmt hat, während es keine signifikanten Trends bei der globalen Durchschnittstemperatur zwischen 2000 und 3000 m Tiefe von 1992 bis 2005 gibt. Unter 3000 m Tiefe wurde die größte Erwärmung im Südozean beobachtet.*

Gesamtfazit über all diese „Ergebnisse" über den gesamten Bereich Ozean: Null Punkte. Es gibt überhaupt keine gesicherten Daten über den Gesamt-Ozean bis 1971.

Sämtliche Daten ergeben keine klaren Aussagen. Die sogenannte Erwärmung gab es auch schon in den 1930 bis 1940 Jahren. Dann kam eine nicht erklärte Stagnation oder sogar Abkühlung, gefolgt von einer weitaus geringeren Erwärmung. Alles ziemlich dünn. Daraus eine globale Klimakatastrophe wegen Erwärmung auszurufen, ist nicht nur unredlich, es ist wirklich eine Verarschung der Öffentlichkeit.

Auf zum nächsten Kapitel unseres berühmten IPCC-Reports

TS.2.3. Änderungen im Energiebudget und Wärmeinhalt
Seit wenigstens 1970 ist die Erde im Strahlungsun-
gleichgewicht, bedingt dadurch dass mehr Energie von
der Sonne zufließt als Energie am Ende der Atmosphä-
re ins Weltallabfließt. Es ist extrem sicher (99 bis 100
%) dass die Erde von 1971 bis 2010 substantiell an
Energie gewonnen hat. Der geschätzte Zuwachs an
Energie-Inhalt von 1971 bis 2010 beträgt 274 (196-
351) x10 exp21 Joule (hohe Vertrauen). Als linea-
rer Fit für diesen Zuwachs über diesen Zeitraum gilt
213x10exp12 Watt.

Das ist wieder mal eine Aussage, über die ich etwas nachdenken musste, um mir bewusst zu machen, was sie aus-
sagt. Es gab 1971 einen berechneten Energieinhalt der
Erde. Dieser wird nicht genannt. Dann gab es einen linearen jährlichen Anstieg von 213X10exp12 W bis zum
Jahr 2010. Ist das jetzt viel oder wenig? Wenn man keine Basis hat, sagen solche Werte relativ wenig aus. Ich
versuche mal für mich einzuordnen, in welcher Größenordnung sich diese Angaben bewegen. IPCC berechnet,
dass die gesamte Erde dauernd ca. 340 Watt/m² abgeben
muss, um im Temperatur-Gleichgewicht zu bleiben. Der
lineare Anstieg von 213x10epx12 Watt pro Jahr umge-
rechnet auf 1 m² Erdoberfläche ergibt einen Anstieg von
~0,4 Watt/m². Die Änderung beläuft sich daher auf etwa
0,1 % vom Basiswert (0,4/340). Also in 40 Jahren eine
Abnahme der Abstrahlung von 4 %. Damit bewegt sich
diese Aussage etwa in der gleichen Größenordnung wie

die Zunahme der Temperatur. Denn man kann sagen dass 1,5-2 °C Temperatur-Erhöhung bei einer Spanne von 100 °C (-50 °C bis +50 °C) sind auch etwa 2 %, also ähnlich wie die 4 %.

Weitere Gedanken:

Bei allen Betrachtungen über Wärme-Energiebudgets muss man wissen, dass das alles abgeleitet sein muss von einer Temperatur-Zunahme.

Die Formel lautet: $\Delta E = m \times cp \times (T2-T1)$

ΔE = die Energiezunahme (in diesem Fall der Erde)

m = Masse (in diesem Fall der Erde)

cp = spezifische Wärmekapazität

Der Wert „cp" besagt: Wieviel Energie muss man reinstecken, um z.B. 1 kg Eisen um 1 °C zu erwärmen. Diese Werte kann man für Stoffe oder auch Stoffgemische sehr genau im Labor messen. Sie sind sehr unterschiedlich, abhängig vom Stoff. Gase, wie Luft haben eine kleine, Flüssigkeiten und Feststoffe haben eine viel höhere Wärmekapazität als Gase.

T2 = die Endtemperatur

T1 = die Ausgangstemperatur

Man kann wohl behaupten: Die Masse der Erde hat sich nicht verändert! Man kann wohl auch sagen, dass sich cp (die Wärmekapazität) der gesamten Erde nicht wesentlich geändert hat. Also bezieht sich das erwähnte Energiebudget nur auf den Temperatur-Unterschied. Für Puristen: Ich klammere latente Wärmen hier bewusst aus, weil (im Vorgriff auf das Kapitel Kryosphäre) in Bezug auf Eismassen und deren Änderung auch große Unsicherheit herrscht. Wenn man nur den Weltozean betrachtet:

Wie hoch war die mittlere Temperatur des Weltozeans 1971 und mit wie viel Fehler ist dieser Wert behaftet?

Wie hoch war die mittlere Temperatur des Weltozeans 2010 und mit wie viel Fehler ist dieser Wert behaftet?

Es lässt sich meiner Meinung nach keinesfalls „extrem sicher", oder mit „hohes Vertrauen" diese Zunahme ermitteln. Begründung: Die Unsicherheiten bei den Ozeantemperaturen und den Eismassen lassen so eine Aussage einfach nicht zu. Wenn man aber einfach die Temperaturdifferenz nimmt und sie in die obige Formel eingibt, kann man die tollsten Ergebnisse herbei zaubern. Aber ich verweise auf das letzte Kapitel, wo es um die Ozeantemperatur geht (Stichwort: Dekaden-Variation in den 1970er und 1980er Jahren und ähnliches). Eine Umrechnung von stark fehlerbehafteten Daten auf eine andere Basis (von Temperatur °C auf Wärmeinhalt Joule) bringt keinerlei Mehrwert!

Die Erwärmung des Ozeans dominiert die totale Aufheizrate.

Habe ich gerade bei der Beschreibung von cp erklärt. Hier nochmal eine Kurzbeschreibung:

Wasser hat eine Wärmekapazität von 4,2 kJ/kgK

$1 m^3$ Wasser entspricht 1000 kg.

Um diese Menge Wasser um 1 °C aufzuheizen braucht man 4200 kJ Energie

Luft hat eine Wärmekapazität von ~1,0 kJ/kgK

$1 m^3$ Luft entspricht: 1,3 kg

Um diese Menge Luft um 1 °C aufzuheizen braucht man 1,3 kJ Energie.

Da steckt, bedingt durch das Volumen/Masse-Verhältnis jetzt schon der Faktor 3200 drin. Dazu kommt-> Wasser im Ozean:

Fläche: 360,5 Millionen km². Bei einer Tiefe bis 700 m sind das ~252 Millionen km³

1 km³ Wasser sind 1 Milliarde Tonnen Wasser.

Masse des Wassers bis 700 m: 252.000.000 Milliarden Tonnen

Die Gesamtmasse der Lufthülle: circa: 5.200.000 Milliarden Tonnen

Da steckt, bedingt durch das mehr an Wasser der Faktor ~50 drin. Also ein Gesamtfaktor von circa 160.000; und das, wenn man den Weltozean nur bis 700 m Tiefe betrachtet. Wir wissen aber, dass da noch viel mehr Wasser ist, denn der Weltozean ist im Durchschnitt wesentlich tiefer als nur 700 m.

Was will ich damit sagen? Wenn man die gesamte Energie-Aufnahme der Erde zwischen 2 Zeitpunkten bestimmen will, muss man sehr, sehr, sehr genau die Temperaturdifferenz des Ozeans kennen. Ein Fehler hier bewirkt massivste Fehlscheinschätzungen der gesamten Energieaufnahme. Ein Fehler bei der Temperaturdifferenz der Luft zwischen den beiden Punkten wirkt sich praktisch überhaupt nicht auf das Gesamtergebnis aus.

Dabei gilt, dass die Aufheizung des Gesamt-Ozeans (bis auf den Meeresboden) für 93 % (Hohes Vertrauen) verantwortlich ist und die Erwärmung des oberen Teils (0 bis 700m) ca.64 % ausmacht. Eisschmelze (einschließlich arktisches Meereis, Eisschilde und Gletscher) stehen für ca. 3 % sowie die Erwärmung der Kontinente auch für ca. 3 % der totalen Erwärmung. Die Erwärmung der Atmosphäre macht den Rest von ca. 1 % aus. Der von 1971 bis 2010 geschätzte Energiegewinn beträgt 199 x10^12 Watt. Eine Linearisierung der Daten

dieser Zeitperiode. Dies entspricht einer kontinuier-
lichen Erwärmung von 0,42 W/m² berechnet über die
Gesamtfläche der Erde, bzw. 0,55 W/m² für den Teil
zugehörig zur Ozeanerwärmung pro Gesamt-Ozean-
fläche. Der geschätzte Energie-Zuwachs der Erde von
1993 bis 2010 ist 163 (127 - 201) x 10^21.Dies ent-
spricht einem geschätzten Trend von 275x10^15 Watt.
Der Ozean-Anteil des Trends von 1993 bis 2010 ist
257x10^12 Watt, äquivalent zu einem durchschnitt-
lichem Wärmefluss in den Ozean von 0,71 W/m².Es
ist (50:50) vielleicht richtig das der Wärmeinhalt des
Ozeans von0 bis 700 m langsamer gewachsen ist wäh-
rend der Periode 2003 bis 2010 als während 1993 bis
2002. Die Wärmeaufnahme des Ozeans von 700 m
bis 2000 m ging vielleicht (66 bis 100 %) nicht nach-
lassend weiter von 1993 bis 2009.

Wenn man jetzt solche Aussagen, wie die letzte liest, die
ja besagt, dass der Erwärmungtrend von 2003-2010
abgenommen hat im Verhältnis zu dem Trend 1993 bis
2002 und dazu die Wertung sieht, also „vielleicht ist das
richtig", kann man erkennen das man selbst auch nicht
wirklich an solche Daten glaubt. Sei's drum. Wie wir oben
gesehen haben, können kleinste Fehlmessungen der Temperatur des Weltozeans immense Fehleinschätzungen
in Bezug auf den Energieinhalt des gesamten Planeten
bedeuten. Diese berechneten Werte kann man nur als
extrem unsicher und fehlerhaft betrachten. Aber wenn
man denselben Maßstab an die Anfangsaussage *„Es ist*
extrem sicher (99 bis 100 %) dass die Erde von 1971 bis 2010
substantiell an Energie gewonnen hat" anlegen würde, bedeutet das für mich nur: Hier wird mit zweierlei Maß ge-

messen. Das ist unseriös und unwissenschaftlich. Hier soll einfach nur das Narrativ der „Klima-Erwärmung" überall auf der Welt bestätigt werden, obwohl die Daten dies einfach nicht hergeben. Stümperhaft!

Dabei sind die Schwankungen zwischen den einzelnen Jahreswerten kleiner.

Kein Kommentar mehr zu solcher Art „wissenschaftlicher Aussagen".

TS.2.4. Änderungen in Kreisläufen sowie in Formen der Variabilität
Starke Variabilität (Schwankungen) zwischen jährlichen und bis zu 10-jahres Zeiträumen hindern robuste Schlussfolgerungen über Langzeitveränderungen in atmosphärischen Kreisläufen in vielerlei Hinsicht.

Wie gehabt: Nichts Genaues weiß man nicht! Warum dann überhaupt erwähnen?

Die Wahrscheinlichkeit ist hoch, dass der Anstieg der Westwinde in den nördlichen mittleren Breiten und der Anstieg des nordatlantischen Oszillations-Index (NAO) von den 1950er bis zu den 1990er Jahren und die Abschwächung der pazifischen Walker-Zirkulation vom späten 19. Jahrhundert bis in die 1990er Jahre weitgehend wettgemacht wurden, durch die jüngsten Änderungen.

Das ist wieder so ein Satz, den man nur mit viel Mühe lesen kann. Sowas auch noch im Englischen! Das ist für mich reinste Folter! Aber der Reihe nach:

Es gibt einen Anstieg der Winde in den nördlichen mittleren Breiten.

Es gibt einen Anstieg in der nordatlantischen Oszillation (NAO-Index; bitte selbst nachlesen, z.B. Wikipedia).

Beides gemessen seit den 1950er bis zu den 1990 Jahren.

Dann gibt es eine pazifische Walker-Zirkulation. Die hat sich von ungefähr 1875 bis in die 1990er Jahre abgeschwächt.

Alle diese Anstiege und Abschwächungen wurden wettgemacht durch die jüngsten Änderungen! Änderungen von was oder wodurch? Durch die genannten Zirkulationen selbst, oder ausgelöst durch jüngste Ereignisse (und wenn ja, welche?)

Aber okay, geschenkt! Es ist alles wieder wie schon 1950!

Die westlichen Winde wieder so wie 1950!

Die nordatlantische Oszillation wieder so wie 1950!

Die pazifische Walker-Zirkulation auch wieder so wie 1875! ALLES WIEDER PALETTI!

Und was sagt uns das? NICHTS! Für mich: Es gibt keine Änderung im Klimasystem, sondern es schwankt eben! Das wissen die Menschen seit Jahrhunderten.

Den nächsten Satz in diesem Kapitel schreibe ich hier auch in Englisch. (als abschreckendes Beispiel)

With high confidence, decadal and multidecadal changes in the winter NAO-index observed since the 20th century are not unprecedented in the context of the past 500 years.

Mit hoher Wahrscheinlichkeit waren dekadische und multidekadische Änderungen in den Wechseln des

Winter-NAO-Indexes, die seit dem 20. Jahrhundert beobachtet wurden, nicht beispiellos sind im Kontext der letzten 500 Jahre.

Boah!

Langsam gehen mir die Superlative für solche Sätze aus. Diesen Satz habe ich durch einfaches Übersetzen nicht mehr in den Griff gekriegt. Ich versuche eine Aufteilung.

Also: im Kontext der letzten 500 Jahre war etwas nicht beispiellos! Was war das? Augenscheinlich waren das die dekadischen und multidekadischen Winter-Wechsel des NAO-Indexes. Aber nur die dekadischen und multidekadischen Winter-Wechsel des NAO-Indexes seit dem 20. Jahrhundert; also nicht alle! Das habe ich immer noch nicht verstanden. Ich mach das mal wie in der Mathematik. Ich bilde eine Zwischengröße:

Ich nenne die dekadischen und multidekadischen Wechsel des Winter NAO-Indexes einfach mal: „Winter- Änderung" Jetzt steht da: Mit hoher Wahrscheinlichkeit waren Winter-Änderungen, die seit dem 20sten Jahrhundert beobachtet wurden, nicht beispiellos im Kontext der letzten 500 Jahre. Also, so wie es „Im Westen nichts Neues" gab, so sagt dieser Satz wohl „Seit 500 Jahren bezüglich Winter-Änderung nichts Neues. Also alles okay, war schon mal da! Keine Panik ! Also wieder ein Beleg, das Klimawandel stattfindet, aber so normal wie eh und je, soweit wir seriös messen können.

Es ist möglich das sich Zirkulations-Merkmale seit den 1970er Jahren polwärts bewegt haben, dadurch einbeziehend eine Ausweitung des tropischen Gürtels, eine polwärts Verschiebung von Sturmbahnen

und Jet-streams und eine Verengung des nördlichen
Polar-Vortex (Wirbel) mit verursacht haben. Beweis-
kraft für diese Tatsache ist stärker in der nördlichen
Hemisphäre ausgeprägt. Es könnte möglich sein dass
der südliche Ringmodus (SAM) sich seit den 1950er
Jahren positiver entwickelt hat. Der Zuwachs in Stär-
ke des sommerlichen SAM seit 1950 war und ist un-
gewöhnlich (mittlere Wahrscheinlichkeit) im Kontext
der letzten 400 Jahre.

Also ich fasse das so zusammen: Die globalen Zirkulati-
onssysteme der Atmosphäre sind nicht statisch sondern
verändern sich, aber in Zeithorizonten (400 Jahre) die so
lang sind, sodass wir sie nicht näher analysieren können,
weil wir erst seit circa. 80 Jahren diese Phänomene überhaupt messen. Den Rest des Absatzes TS2.4. spare ich mir.
Er bietet nicht viel mehr. Bei Interesse selber nachlesen.
Fazit: Null Punkte! Aber Belege für ganz normalen Klimawandel, wie wahrscheinlich schon seit Jahrhunderten!

TS.2.5. Änderungen im Wasserkreislauf und in der
Cryosphäre („Welt des Eises")
TS.2.5.1. Atmosphäre
Die Daten von Niederschlags-Änderungen, die gemit-
telt über alle globale Landmassen vor 1951 erhoben
werden können, haben einen geringen Vertrauenswert.

Zuverlässige Daten von Niederschlagsmengen vor 1951
gibt es nicht!

Die Daten von Niederschlags-Änderungen, die gemit-
telt über alle globale Landmassen nach 1951 erhoben

werden können, haben eine nur einen mittleren Ver-
trauenswert.

Zuverlässige Daten von Niederschlagsmengen nach 1951
sind so lala, nichts Genaues.

Das hat seinen Grund in einer unzureichenden Daten-
lage, speziell in dem Anfangsteil der Tabellen. Wei-
terhin: Wenn Daten für nahezu alle Landbereiche in
diesen Tabellen eingeführt werden, was man durch
Rekonstruktionen machen kann, entstehen Zeitta-
bellen, die nur kleine Änderungen der Niederschlags-
mengen seit 1901 zeigen.

Selbst wenn man „rekonstruiert" zeigen die Daten, dass
sich in Sachen Niederschlag seit 1901 nichts geändert hat.

Landmassen auf der Nordhalbkugel, die in den mittleren
Breiten liegen zeigen einen kleinen Anstieg, aber nur mit
einem mittleren Vertrauenswert für Daten vor 1951,
aber einen Hohen Vertrauenswert für die Zeit nach
1951. Die Daten gemittelter Niederschlagsänderun-
gen anderer Breitengrade haben positive und negative
Trends, aber insgesamt mit geringem Vertrauenswert.

Auch hier wieder. Unzuverlässige Daten. Keine „gewünsch-
ten" Trends zu erkennen. Kein Klimawandel über den
man irgendwie besorgt sein muss, geschweige denn in
Panik verfallen sollte. Alles nicht der Rede wert!

Jetzt reden wir über bodennahe Luftmassen und trop-
osphärische Luftmassen. Bei diesen ist es sehr wahr-

scheinlich, dass deren Feuchtegehalt seit 1970 ange-
stiegen ist.

Feststellung-> Luftfeuchte-Anstieg seit 1970 weltweit!

Jedoch, während der jüngsten Jahre hat dieser Trend
bei den bodennahen Luftschichten nachgelassen(mitt-
lere Wahrscheinlichkeit).

In den jüngsten Jahren hat dieser Trend nachgelassen.
Frage: Ist der Anstieg nur kleiner geworden, zum Stillstand
gekommen oder hat sich sogar umgekehrt? Ich frage nur
mal so, weil doch weltweit Unmengen von Windrädern
aufgestellt werden! Gibt's da vielleicht einen Zusammenhang, und zwar einen schädlichen. Wird es wegen der
vielen Windräder trockener, weil diese ja massenhaft
der Atmosphäre Energie entziehen?

Als Ergebnis werden ziemlich weiträumige Abnahmen
bei der relativen Luftfeuchtigkeit bodennaher Luft-
schichten über Land beobachtet in den letzten Jahren.

Hört, hört!! Nachtigall, ich hör dir trapsen? Gibt es hier
einem Zusammenhang zwischen den „Dürren" der letzten Jahre in Mitteleuropa und den Windrädern?

Obwohl Trends der Wolkenbedeckung zwischen un-
abhängigen Datensets von bestimmten Regionen ins-
gesamt konsistent sind, entsteht bei der Betrachtung
eine Mehrdeutigkeit und deswegen gibt es nur eine
geringe Vertrauensbasis, um auf Basis dieser Beob-

achtungen globale Trends einer Wolken-Bedeckungs-
Änderung zu postulieren.

Also gerade bei einem der wichtigsten Datenpunkte „Wolkenbedeckungsänderung" kann man nichts Genaues sagen. Wolken schirmen tagsüber die Sonne ab, und nachts verhindern sie ein stärkeres Abkühlen des Bodens. Jeder der schon mal im Sommer im Freibad ein Sonnenbad genommen hat, hat die Erfahrung gemacht, dass man fast sofort merkt, wenn sich eine Wolke vor die Sonnen geschoben hat. Es wird merklich kälter. Dieser absolut wichtige Effekt wird hier nur mal so nebenbei gestreift. Aber einen Zuwachs bei CO_2 von 0,028 auf 0,042 Volumen-% in der Luft soll das globale Grundübel sein. Diese Klimawissenschaftler tragen mehr zur Verwirrung als zur Erklärung von Klimawandel bei.

Fazit: Keine Änderung beim Niederschlag seit 1901. Keine Ahnung über die Wolkenbildung-Tendenzen der gesamten Zeit, aber eventuell ein Absinken der Luftfeuchtigkeit. Ich als Laie finde abnehmende Luftfeuchtigkeit bedenklicher als zunehmende, wegen des Pflanzenwachstums. Deswegen ist dieser Hinweis wichtig. Aber woher kommt das? Kann es absolut negative Auswirkungen haben, wenn man auf der ganzen Welt dem Wind Energie durch die Windräder entzieht und ihn damit schwächt?

TS2.5.2. Ozean- und Oberflächen Strömungen
Es ist sehr wahrscheinlich, dass regionale Trends die bisherigen geographischen Unterschiede im mittleren Salzgehalt von Meerwasser seit den 1950er Jahren verstärkt haben.

Einfach göttlich: Wahrscheinlich verstärken regionale Trends die bisherigen geografischen Unterschiede beim mittleren Salzgehalt von Meerwasser seit den 1950ern. Ja, was denn sonst anderes als „regionale Trends"!

Salzhaltiges Meerwasser an der Oberfläche in den Verdunstungszonen der mittleren Breiten sind salzhaltiger geworden, während relativ salzarmes Oberflächenwasser in Niederschlags-dominierten Zonen tropischer und polarer Regionen noch salzärmer wurde. Von 1950 bis 2008 hat der Unterschied zwischen salzhaltigeren und salzärmeren Regionen zugenommen. Wenn man die großen Ozeanischen Becken vergleicht hat der Unterschied in deren Salzgehalt zugenommen: Der Atlantik ist salzhaltiger geworden, während der Pazifik und der südliche Ozean salzärmer geworden sind. (sehr wahrscheinlich). Obwohl ähnliche Konklusionen schon in AR4 erkannt wurden, haben kürzlich erstellte Studien von erweiterten Datensets sowie ein anderes Herangehen an die Analyse der Daten eine hohe Wahrscheinlichkeit dieser Sachlage ergeben. Die räumliche Verteilung der Salinitäts-trends und die durchschnittliche Verteilung der Verdunstung abzüglich der Niederschlagsmengen sind alle ähnlich. Die Ähnlichkeit liefert einen indirekten Beweis, dass das Muster von Verdunstung abzüglich der Niederschlags-mengen seit den 1950er Jahren zugenommen hat (mittlere Wahrscheinlichkeit).
Unsicherheiten bei aktuellen Meeresströmungsdaten behindern das Strömungsmodelle (flux products) zuverlässig genutzt werden können, um Trends in der regionalen und globalen Verteilung von Verdunstung

und Niederschlagszonen über den Ozeanen auf der
Zeitskala der beobachteten Salzgehalts-Änderungen,
die seit den 1950ern existieren, zu erkennen.

Also es gibt einen Trend, dass dort wo 1950 geringerer
Salzgehalt gemessen wurde, jetzt noch weniger Salzgehalt gemessen wird und wo 1950 höherer Salzgehalt gemessen wurde, jetzt noch höherer Salzgehalt gemessen
wird. Aber woher kommt es? Änderung der Verdunstung,
Änderung des Niederschlags, Änderung der Strömungs-
verhältnisse? Fragen über Fragen! Fazit: Keine Zusammenhänge zum Klimawandel erkennbar, geschweige denn
irgendein Hinweis auf die angebliche „Klimakatastrophe"

TS2.5.3 Meereis
Der Trend von AR4 wird bestätigt. ES gibt eine sehr
hohe Wahrscheinlichkeit dass die Ausdehnung des ark-
tischen Meereises (jährlich, vieljährig, beständig) seit
1979 bis 2012 abgenommen hat. Die Geschwindig-
keit der Abnahme lag sehr wahrscheinlich zwischen
3.5-4,1% pro Dekade; ein Bereich von 0,45 bis 0,51
Millionen km² pro Dekade. Die durchschnittliche Ab-
nahme der Ausdehnung des arktischen Meereises im
10-Jahres Durchschnitt war am schnellsten im Som-
mer und Herbst(hohe Wahrscheinlichkeit) aber die
Ausdehnung wurde in jeder Jahreszeit geringer im
Vergleich zu den vorherigen Daten.

Man muss bedenken, dass das arktische Meereis innerhalb der 12 Monate eines jeden Jahres immense Änderungen erfährt.

Wikipedia, Stichwort Packeis: Das Packeis in der Arktis schwankt zwischen 3 bis 15 Millionen km² Fläche mit einer durchschnittliche Dicke von 2,5 m. Das heißt, dass Eisvolumen schwankt jedes Jahr von 7.500 bis 37.500 km³. Da sind Änderungen von 30.000 km³. Ein km³ Eis wiegt etwa 900 Millionen Tonnen. Die Änderung beträgt also etwa 27.000 Milliarden Tonnen oder 27.000 Gt Eis pro Jahr

Diese Daten gelten für Gesamt-Meereis in der Arktis(jährlich, vieljährig, beständig)

Zeitraum	1979-2012	1979-2012
Jahre	33	33
Dekaden	3,3	3,3
Zunahme %	-3,5	-4,1
Zunahme in Millionen km²	-0,45	-0,51
Gesamt in %	-11,55	-13,53
Gesamt in Millionen km²	-1,485	-1,683
Gesamtfläche In Millionen km²	12,86	12,44

Die durchschnittliche Dicke des Meereises liegt bei 2,5 m. Bei einer Abnahme von durchschnittlich 1,58 Millionen km² sind das 3960 km³ Eisverlust in 33 Jahren. Wenn man das mit den jährlichen Schwankungen von 30.000 km³ vergleicht, sind das Änderungen im Bereich von 13 % der sowieso jährlich stattfindenden Eisschmelze. Also ein guter Beleg, dass es wärmer wird aber in einem normalen

Tempo, denn diese 13 % sind innerhalb von 33 Jahren gemessen worden. Außerdem gibt es keine Vergleichsdaten aus vorherigen Jahrhunderten.

Die Ausdehnung des beständigen und mehrjährigen arktischen Meereises hat zwischen 1979 und 2012 abgenommen. Die Abnahmerate liegt bei ungefähr 11,5 (9,4-13,6)% pro Dekade (0,73 bis 1,07 Millionen km²/Dekade) beim Sommerminimum (also beständiges Eis)und wahrscheinlich bei 13,5 (11-16) % für mehrjähriges Eis

Diese Daten gelten für Meereis in der Arktis(beständig und mehrjährig)

Zeitraum	1979-2012	1979-2012
Jahre	33	33
Dekaden	3,3	3,3
Zunahme %	-9,4	-13,6
Zunahme in Millionen km²	-0,73	-1,07
Gesamt in %	-31,02	-44,88
Gesamt in Millionen km²	-2,409	-3,513
Gesamtfläche In Millionen km²	7,77	7,87

Die durchschnittliche Dicke des Meereises liegt bei 2,5 m. Bei einer Abnahme von circa 3 Millionen km² sind das 9000 km³ Eisverlust in 33 Jahren. Man kann erkennen, dass die Eisbedeckung von 1979 bis 2012 um 1,55 Millionen km² abgenommen hat. Der Anteil des beständigen Meereises hat sogar um 3 Millionen km² abgenommen. Die Verluste an beständigem Eis sind höher als bei der Gesamteisbedeckung. Das bedeutet, dass die Arktis zwar im Winter fast genauso zufriert wie in der Vergangenheit, aber im nördlichen Sommer stärker abtaut. Ist das jetzt ein katastrophaler Befund? Das kann jeder selbst entscheiden.

Rekonstruktionen zeigen, dass der heutige (1980-2012) gemessene Rückzug des beständigen Eises beispiellos war und die Meeresoberflächen-Temperaturen waren abnormal hoch in der Rückschau der letzten 1450 Jahre (4.4.2; 5.5.2) (mittlere Wahrscheinlichkeit) [Es kann sein]Die jährliche Periode des „Schmelzen an der Oberfläche" von beständigem arktischem Meereis hat sich um 5,7(4,8-6,6) Tage pro Dekade erweitert seit 1979-2012. Während dieser Periode hat die Dauer eisfreier Bedingungen zwischen der ostsibirischen See und der westliche Beaufort See um fast 3 Monate zugenommen. (4.2.2) [hohes Vertrauen] Die durchschnittliche Wintereisdicke im arktischen Becken hat von 1980 bis 2008 abgenommen. [vielleicht] Die durchschnittliche Abnahme lag bei 1,3 bis 2,3m [hohes Vertrauen] Diese Aussage basiert auf Beobachtungen von vielen Quellen. (U-Boot, elektromagnetische Untersuchungen, Satelliten-Messungen). Die Aussage ist in Übereinstimmung mit dem Rückgang der Ausdehnung des beständigen, sowie des mehrjährigen Eises.[mittleres Vertrauen] Satelliten-Messungen in der Periode 2010-2012 zeigen eine Abnahme des Meereisvolumens verglichen mit dem Volumen ge-

messen in der Periode 2003-2008 [hohes Vertrauen]
In der Arktis hat da, wo eine Abnahme der Dicke des
Meereises gemessen wurde, auch eine Erhöhung der
Meereisverschiebungs- Geschwindigkeit stattgefunden.

Wenn man jetzt noch Vertrauen in die IPCC-Aussagen hat, kommt man wohl zu dem Ergebnis: Das Polargebiet wird kleiner. Das an sich, ist wohl kein Problem. Im Gegenteil: Wenn das zutrifft, können in Zukunft im Sommer Schiffe diese Route von Europa nach Asien nutzen. Außerdem könnte gehofft werden, dass diese Erwärmung insgesamt auf den eurasischen Kontinent sowie die kanadischen Gebiete, die alle im Permafrost liegen, übergreift und damit vielleicht eine Art der Bewirtschaftung für diese riesigen Gebiete möglich würde.

Fazit: Eine positive Nachricht! Ein dreifaches Hurra dem Klimawandel!

Jetzt geht es um das Meereis in der Antarktis.

[Es kann sein] Die Ausdehnung des jährlichen antarktischen Meereises hat mit einer Rate von 1,2 bis 1,8% pro Dekade zugenommen. (0,13 bis 0,2 Millionen km² pro Dekade. Das gilt für den Zeitraum von 1979-2012) [sehr hohes Vertrauen]

Das antarktische Meereis hat entsprechend IPCC-Angaben daher ca. 11 Millionen km².

Hier einige Daten zur Antarktis von Wikipedia.

Das Gebiet der Antarktis definiert sich wie folgt.

Das Gebiet südlich des 66,6°-Breitengrades; entspricht 21,2 Millionen km².

Von dieser Fläche kennt man das Festland, genannt Antarktika, mit einer Fläche von 13,2 Millionen km². Dazu kommen folgende Schelfeis-Bereiche:

Die größten Schelfeise in der Antarktis (Wikipedia Stichwort: Filchner-Ronne Schelfeis)

Bereich	Fläche in km²
Ross Schelfeis	472.960
Filchner-Ronne Schelfeis	422.420
Amery Schelfeis	62.620
Larsen Schelfeis	48.600
Riiser Larsen Schelfeis	48.180
Fimbul Schelfeis	41.060
Shackleton Schelfeis	33.820
George-VI-Schelfeis	23.880
West Schelfeis	16.370
Wilkins Schelfeis	13.680

Gesamte Fläche von Schelfeis: 1.183.590 km²

Das Schelfeis ist an der Kante Schelfeis/Meer circa 200 m und an der Grenze Festland/Meer 1600 m dick.

Das Eis auf dem Festland ist im Durchschnitt 2,16 km dick.

Es ergeben sich folgende Eisvolumina:

Festland-Eis: 28,5 Millionen km³ (Wikipedia sagt: 26,92)

Schelfeis: 700.154 km³ (gerechnet mit 600 m Dicke)

Zusammen: 29,2 Millionen km³ Eis (es fehlt noch das Meereis)

Laut IPCC hat das Meereis zugenommen.

Aus den Daten ergibt sich, dass es wohl circa 11 Millionen km² Meereis gibt. Wikipedia spricht von einer Meereis-dicke von 3 m. Dann ergibt das noch zusätzlich 33.000 km³.

Zeitraum	1979-2012	1979-2012
Jahre	33	33
Dekaden	3,3	3,3
Zunahme %	1,2	1,8
Zunahme in Millionen km²	0,13	0,20
Gesamt in %	3,96	5,94
Gesamt in Millionen km²	0,429	0,660
Gesamtfläche In Millionen km²	10,83	11,11

Wenn man nur das Meereis betrachtet, ergibt sich folgendes Bild:

Polargebiet	Eisfläche in Millionen km²	Eisvolumen in km³	Zuwachs in km³
Arktis	12,65	31.625	- 3960
Antarktis	11	33.000	3290

Also die globale Massenbilanz von Meereis ergibt einen Verlust von ~700 km³ Eis bei einem Gesamtvolumen circa 64.000 km³. Das ist 1 % innerhalb von 33 Jahren.

Das Meereis bleibt im Grunde genommen konstant, verschiebt sich aber global von Nord nach Süd.

Es gab einen größeren Anstieg in Meereis-Fläche, bedingt durch die prozentuale Abnahme eisfreier Wasserflächen innerhalb des Packeises.[hohes Vertrauen] Es gibt starke regionale Unterschiede in dieser jährlichen Rate, mit einigen Regionen, die in Ausdehnung(Fläche) wachsen und solchen die schrumpfen.[hohes Vertrauen] Es gibt auch in der Antarktis Gebiete in denen die eisfreie Zeit sich verlängert hat und solche bei denen sich diese Zeit verkürzt hat. Gemessen über die Periode der Satelliten-Messungen. (4.2.3.)

Es ist schon erstaunenswert, wenn man bei dieser Größenordnung von einer Katastrophe redet. Fazit: Keine Klimakatastrophe!

TS2.5.4 Gletscher und Eisschilde
[hohes Vertrauen] Gletscher weltweit schrumpfen hartnäckig. Das wird offenbar durch zeitliche Messungen von Gletscher-Längen, -Flächen,- Volumen und –Massen. Ein paar Ausnahmen sind regional und zeitlich begrenzt. Die Anzahl von Messungen an Gletschern hat sich seit AR5 substantiell erhöht. Die meisten der neuen Datensets, zusammen mit einer kompletten Gletscher-Inventur wurden durch Satellitendaten mittels Fernerkundungs- Messung abgeleitet.[sehr hohes Vertrauen] Während der letzten Dekade waren es die Gletscher in Alaska und dem

arktischen Kanada, der südlichen Anden, der Umgebung des grönländischen Eisschilds sowie die asiatischen Gebirge die den größten Beitrag zum globalen Gletschereis- Verlust beigetragen haben. Zusammengefasst macht ihr Verlust mehr als 80% des totalen Eisverlustes aus.

Der totale Massenverlust von allen Gletschern in der Welt, ausgenommen jener in der Umgebung von Eisschilden war[sehr wahrscheinlich] Periode 1971 bis 2009: 226(91-361) Gigatonnen pro Jahr. Das Äquivalent an Meeresspiegel-Anstieg entspricht 0,62 (0,25-0,99)mm pro Jahr oder gesamt 23,6 (9,5 – 38) mm in 38 Jahren Periode 1993 bis 2009: 275 (140-410) Gigatonnen pro Jahr. Das Äquivalent an Meeresspiegel-Anstieg entspricht 0,76 (0,39-1,13)mm pro Jahr oder gesamt 28,9 (14,8 – 42,9) mm in 38 Jahren Periode 2005 bis 2009: 301 (166-436) Gigatonnen pro Jahr. Das Äquivalent an Meeresspiegel-Anstieg entspricht 0,83 (0,46-1,20)mm pro Jahr odergesamt 31,5 (17,5 – 45,6) mm in 38 Jahren

Die Gletscherdaten in Tabellenform

Zeitraum	1971-2009	1993-2009	2005-2009
Mittelwert In Gigatonnen	226	275	301
Minimum in Gigatonnen	91	140	166
Maximum in Gigatonnen	361	410	436

Meeresspiegel In mm/Jahr	0,25-0,99	0,39-1,13	0,46-1,2
Meeresspiegel In 38 Jahren mm	9,5-38	14,8-42,9	17,5-45,6

Sehr starke Ungenauigkeiten. Warum?

Seit 1971 einen Verlust von 9777 km^3, seit 1979 einen Verlust von 7969 km^3

Vergleicht man den Volumen-Verlust aller Gletscher weltweit mit dem Verlust in der Arktis: 4000 km^3 dann ist das beträchtlich. Inlandgletscher sind die natürlichen Süßwasserspeicher auf der Welt, also wichtig für uns Menschen! Meine pragmatische Ansicht: Wenn der Trend so weitergeht, muss man global für andere Wasserspeicher sorgen, um in Zukunft keine Probleme mit zu knappem Süßwasser zu haben.

[hohes Vertrauen] Die gegenwärtige Ausdehnung der Gletscher ist aus dem Gleichgewicht bei den heutigen Klimabedingungen, hinweisend darauf, dass Gletscher in der Zukunft weiter schmelzen werden sogar ohne weiteren Temperaturanstieg.

Natürlich wachsen oder schrumpfen Eismassen global im Einklang mit den regional herrschenden Temperaturen. Das ist normale Physik.

[hohes Vertrauen] Der grönländische Eisschild hat während der letzten 20 Jahre Eis verloren.

[hohes Vertrauen] Kombinationen von Satelliten- und Flugzeugvermessungen zusammen mit Felddaten deuten dass der Eisverlust in verschiedenen Bereichen aufgetreten ist, und diese großen Raten des Verlustes sich in größere Bereiche ausgedehnt haben als in AR4 berichtet wurde.

Auszüge aus Wikipedia:

Grönländischer Eisschild

82 % der Fläche Grönlands sind vom Grönländischen Inlandeis bedeckt

Länge: 2530 km Fläche:1.707.000 km² Höhenbereich:3230 m – 0 m

Breite: max. 1094 km Eisdicke: ⌀ 1500 m; max. 3420 m Eisvolumen 2.600.000 km³

Er ist die weltweit zweitgrößte permanent vereiste Fläche nach dem antarktischen Eisschild.

Räumliche Ausdehnung In Nord-Süd-Richtung beträgt die Länge des Eisschilds ungefähr 2.500 Kilometer. Die breiteste Stelle mit etwa 1.100 Kilometern liegt ungefähr bei 77° N bis 78° N. Im Mittel ist das Eis mehr als 1,5 km dick; stellenweise beträgt die Mächtigkeit mehr als drei Kilometer. Das Volumen wird auf ungefähr 2,6 Millionen bis 2,7 Millionen Kubikkilometer geschätzt. An den meisten Stellen erreicht der Eisschild das Meer nicht, so dass sich, anders als in der Antarktis, keine ausgedehnten Eisschelfe gebildet haben. Durch einige große Täler fließt das Eis jedoch über mächtige Auslassgletscher ab und erreicht das Meer, wo diese kalben und auf diese Weise die meisten Eisberge in den Nordatlantik abgeben. Neben dem Eisschild existieren am äußeren Rand Grönlands noch einige isolierte Gletscher sowie Eiskappen mit einer Gesamtfläche

von weniger als 100.000 km². Durch die Last der Eis-
massen sinkt die darunter liegende Erdkruste in den
Erdmantel ein. Der größte Teil Grönlands liegt des-
halb ungefähr auf Meereshöhe oder sogar darunter.

Zitat-Ende

IPCC:
[hohes Vertrauen] Der Masseverlust des grönländi-
schen Eisschilds hat sich seit 1992 beschleunigt. [Es
kann sein] Die durchschnittlichen Verlustraten
Periode 1992 bis 2001: 34 (-6 - 74) Gigatonnen pro
Jahr. Das Äquivalent an Meeresspiegel-Anstieg ent-
spricht 0,09 (-0,02-0,2)mm pro Jahr Periode 2002
bis 2011: 215 (157 - 274) Gigatonnen pro Jahr. Das
Äquivalent an Meeresspiegel-Anstieg entspricht 0,59
(0,43-0,76)mm pro Jahr

Grönland-Eisschild-daten in Tabellenform

Zeitraum	1992-2001	2002-2011
Mittelwert In Gigatonnen	34	215
Minimum in Gigatonnen	-6	157
Maximum in Gigatonnen	74	274
Meeresspiegel In mm/Jahr	-0,02-0,2	0,43-0,76
Meeresspiegel In 20 Jahren mm	-0,4-4	8,6-15,2

Sehr starke Ungenauigkeiten. Warum?

Gesamtverlust 1992-2011: 2490 km³ Eis, das sind 0,1 % von 2.600.000 km³. Das ist wenig! Das Gesamtvolumen würde dann in ungefähr 20.000 Jahren weg sein. Ich denke, wir sollten uns heute darüber keine Gedanken machen! Da haben wir als Menschheit ganz andere Probleme als solche!

[hohes Vertrauen] Die Eisverluste von Grönland waren das Ergebnis vom erhöhtem Oberflächen-Abschmelzen und Abfluss, einem vergrößerten Gletscherfluss und Ausstoß ins Meer; beides in ähnlicher Größenordnung. [hohes Vertrauen] Die Bereiche der sommerlichen Abschmelze haben zugenommen. [hohes Vertrauen] Der antarktische Eisschild hat während der letzten beiden Dekaden Eis verloren. [sehr hohes Vertrauen] Diese Verluste kommen hauptsächlich von der nördlichen Halbinsel von Antarktika und dem Teil der Amundsen-See der Westantarktika zugeordnet wird. [hohes Vertrauen] Diese Verluste sind das Resultat einer Beschleunigung des Abflusses von Gletschern. Der durchschnittliche Eisverlust von Antarktika hat sich etwa von 1992 -2001: 30(-37 bis 97) Gigatonnen ->Meeresspiegel 0,08 (-0,1 bis 0,27) mm pro Jahr2002-2011: 147(72 bis 221) Gigatonnen -> Meeresspiegel 0,4 (0,2 bis 0,61) mm pro Jahr erhöht. [vielleicht]

Eisschild-daten von Antarktika in Tabellenform

Zeitraum	1992-2001	2002-2011
Mittelwert In Gigatonnen	30	147
Minimum in Gigatonnen	-37	72
Maximum in Gigatonnen	97	221
Meeresspiegel In mm/Jahr	-0,1 - 0,27	0,2 - 0,61
Meeresspiegel In 20 Jahren mm	-2 - 5,4	4 - 12,2

Gesamt-Eisverlust von 1992 bis 2011: 1770 km^3 durch beschleunigten Gletscherabfluss. Dieses Eis, das da auf dem Festland fehlt, ist dann jetzt wohl zu Schelfeis geworden! Zunahme des antarktischen Meereises in den letzten 33 Jahren: ~3200 km^3

(Zur Erinnerung: Die Ausdehnung des jährlichen antarktische Meereises hat sich mit einer Rate von 1,2 bis 1,8% pro Dekade zugenommen. Das gilt für den Zeitraum von 1979-2012) [sehr hohes Vertrauen] vorheriges Kapitel)

Eine Bilanz ergibt: 1770 Verlust vom Festland (Antarktika) steht im Verhältnis zu 3200 km^3 Meereis-Zunahme in der Antarktis.

Massenbilanz Eisschild auf Antarktika, dem Festland:

1979: Das Festlandeis hatte ein Volumen von rund 27 Millionen km^3 Eis. Davon sind in den letzten 20 Jahren verschwunden: 1770 km^3.

Es bleiben im Jahr 2012: 99,99 %.

Massenbilanz des Schelfeises:

Stand 1979: Fläche: 1.200.000 km² Volumen: 700.000 km³.

Zunahme durch abfließende Gletscher vom Festland in 20 Jahren: 1770 km³.

In 38 Jahren: 1770*38/20= 3360 km³

Also eine Zunahme von 0,5 %.

Außerdem eine Zunahme von 3330 km³ Meereis durch entweder Gefrieren von Meerwasser oder durch Verschiebung von Schelfeis zu Meereis.

Also bleibt das Schelfeis konstant! Also wieder kein Problem zu erkennen. Bemerkenswert!

Weiter geht's.

[hohes Vertrauen] In Teilen von Antarktika (Das Festland) erfahren diese fliessenden Eismassen Veränderungen. [mittleres Vertrauen]Der antarktische Eisschild wird in der Amundsensee-Region der West-Antarktis dünner. [geringes Vertrauen] Das geschieht weil es einen Wärmefluss vom Ozean gibt. [hohes Vertrauen] Eisschelfe um die antarktische Halbinsel herum bleiben auf einem langfristigen Trend von Rückzug und teilweisem Zusammenbruch, der vor Jahrzehnten begann.

Schon wieder eine Aussage, die mit den Daten die zur Verfügung stehen, überhaupt nicht zusammenpasst. Lesen die Autoren ihre eigenen Berichte nicht, oder was soll diese Aussage denn bedeuten, wenn man vorher Daten zeigt, die fast keine Änderung zeigen und im letzten Satz reden sie von Rückzug und Zusammenbruch?

Eis-Fazit insgesamt: Es schmilzt nicht! Es gibt Verlagerungen aber insgesamt kaum Änderung. Also kein Handlungsbedarf Entwarnung! Keine Klimakatastrophe!

TS.2.5.5. Schneebedeckung, Frischwasser, und gefrorene Böden
[hohes Vertrauen] Das Ausmaß der Schnee-Bedeckung hat in der nördlichen Hemisphäre abgenommen. Speziell im Frühling!

Was sagt dieser Satz: Schneebedeckung in der nördlichen Hemisphäre hat abgenommen. Seit wann? Um etwa wie viel? Was war in der südlichen Hemisphäre in dieser Zeit los. Auch eine Abnahme?

Satellitendaten zeigen das seit 1967 bis 2012 die Schnee-Bedeckung sehr wahrscheinlich abgenommen hat.

Also erst seit 1967 gibt es Satelliten-Daten. Diese zeigen, dass die Schneebedeckung sehr wahrscheinlich abgenommen hat. Ich hoffe und gehe davon aus, dass das wohl jetzt global gilt, oder?

Der größte Rückgang trat im Juni auf -53% (-40 bis -60%). Kein Monat hatte statistisch signifikante Zunahmen. Über einen längeren Zeitraum (1922 bis 2012) sind Daten nur für März und April vorhanden, aber diese zeigen sehr wahrscheinlich Abnahme von 7% (4,5 bis 9,5) und eine negative Korrelation (-0,76)

*mit den Bodentemperauren von 40° nördlicher Breite
(bzw. 60° nördlicher Breite)*

Na klar muss es eine Korrelation mit der Bodentemperatur geben!

*Auf der Südhalbkugel sind Messdaten (Beweise) zu
gering um die Schlussfolgerung zu ziehen, dass Veränderungen dort stattgefunden haben.*

Sieh an, von der Südhalbkugel weiß man gar nichts.

*[hohes Vertrauen] Permafrost-Temperaturen sind in
den meisten Gegenden der Welt seit den frühen 1980
Jahren gestiegen.*

Sehr gut! Mehr nutzbares Land!

*Dieser Anstieg war die Antwort auf gestiegene Lufttemperaturen sowie auf Änderungen im Zeitverlauf
und Dicke der Schneebedeckung[hohes Vertrauen]*

Das ist banal! Wenn es wärmer wird und/oder auch länger wärmer bleibt, taut mehr Eis!

*Der Temperaturanstieg der kälteren Permafrostböden
war generell stärker als der bei wärmeren Permafrostböden. [hohes Vertrauen]*

Auch richtig, kann man in der Grundvorlesung „Wärmelehre" erfahren.

TS.2.6. Änderung des Meeresspiegels
Der Hauptbeitrag der Änderung des Meerwasservo-
lumens im Ozean ist die Ausdehnung von Meerwas-
ser wenn es wärmer wird und der Zufluss von Was-
ser das vorher an Land gespeichert war (Gletscher
und Eisschilde). Das Speichern von Wasser in Reser-
voiren und die Abschöpfung von Grundwasser, das
dann letztlich im Ozean mündet beeinflusst auch den
Ozean. Änderungen beim Meeresspiegel relativ zum
Land (sogenannter relativer Meeresspiegel) kann sehr
unterschiedlich sein, verglichen mit Änderungen die
man im Verhältnis zum „Globalen mittleren Meeres-
spiegel"(GMSL)sieht. Das ist deswegen, weil es Ände-
rungen in der Verteilung des Wassers in den Ozeanen
gibt, sowie vertikale Bewegungen von Landmassen
und Änderungen im irdischen Gravitationsfeld. Einen
Überblick über das wissenschaftliche Verständnis und
Unsicherheiten von diesem Effekten bei heutigen und
zukünftigen Projekten siehe: TFE.2.3.7.3. sowie 13.1)

Es wäre an dieser Stelle sehr schön, wenn man in dieser
„Zusammenfassung" mal etwas über die Genauigkeit des
GMSL erfahren würde, und dann im Verhältnis dazu,
die gemessenen Änderungen. Damit erhält man ein ver-
trauenswürdigeres Bild über die gemessenen Werte und
deren Unsicherheit.

[mittleres Vertrauen] Währen einer Warmzeit im mitt-
leren Pliozän (3,3 bis 3 Millionen Jahre vor heute gab
es eine GMST, die 1,9 bis 3,6 °C wärmer war als die
vorindustrielle GMST und CO2 Werte waren zwischen
350 und 450 ppm.

Hier sagt man, dass es vor 3 Millionen Jahren so warm oder sogar noch wärmer war als heute, und es dieselben CO2-Konzentrationen gab wie heute.

[hohes Vertrauen] Der GMSL lag über dem heutigen. Das bedeutet ein kleineres Volumen der polaren Eisschilde

Der Meeresspiegel lag über dem heutigen. Also mehr Wasser war da! Woher kam das? Behauptung: Die Eisschilde waren kleiner! Das gilt aber nur, wenn das Verhältnis von Landmasse zu Ozeanfläche gleich war und auch die mittlere Tiefe des Ozeans konstant war. War das so? Oder ist das so eine Schnellschuss-Folgerung. Kennt man solche geologischen Daten von der Zeit vor 3 Millionen Jahren so genau um so etwas behaupten zu können? Eines kann man wohl sagen, dass vor 3 Millionen Jahren die Landmassen nicht an ihren heutigen Stellen gelegen haben, siehe Kontinentaldrift! Deswegen kann es auch zu Eisverlusten gekommen sein! Aber was sagt uns das für heute?

[hohes Vertrauen] Die besten Schätzungen durch verschiedene Methoden legt nahe dass der Meeresspiegel auch während der wärmsten Perioden des Pliozäns die Marke von +20m nicht überschritten hat, bedingt durch Eisbefreiung des Grönland-Eisschilds, des westantarktischen Eisschilds und von Bereichen des ostantarktischen Eisschilds.[sehr hohes Vertrauen] Während der letzten zwischeneiszeitlichen Periode (129.000 bis 116.000 Jahren vor heute) war der maximale Meeresspiegel während mehrerer tausend Jahre wenigstens 5

117

m höher als heute.[hohes Vertrauen]Der Meeresspiegel war aber auch nicht höher als +10m(vom heutigen). Das legt nahe, dass es substantielle Beiträge vom Grönland- und dem antarktischen Eisschilds gab. Diese Änderung im Meeresspiegel trat im Zusammenspiel von verschiedenen kosmischen Kräften auf und mit einer hohen Temperatur in dem Bereich der hohen Breiten, gemittelt über mehrere tausend Jahre.

Also gibt es auch andere Effekte als „menschengemachtes CO2", die zu einer Erwärmung und Anstieg des Meeresspiegels zwischen 5 bis 10m führen können. Und das alles innerhalb von nur ~13.000 Jahren.

[hohes Vertrauen] Es war wenigsten 2°C wärmer. Basierend auf Eisschild-Modellierungen, und in Übereinstimmung mit Änderungen der geographischen Höhen, die durch eine neue Grönland-Eiskernbohrung bestimmt wurden, könnte der Grönland-Eisschild sehr wahrscheinlich zwischen 1,4 bis 4,3m Meeresspiegel-Erhöhung beigetragen haben.[mittleres Vertrauen] Das bedingt dann auch, dass es auch einen Beitrag des antarktischen Eisschilds zum Meeresspiegelanstiegs während der letzten Zwischeneiszeit gegeben haben muss.[hohes Vertrauen] Proxy-Daten und instrumentelle Meeresspiegeldaten aus dem späten 19. Jahrhundert und dem frühen 20. Jahrhundert weisen auf eine einen Übergang von relativen kleinen mittleren Anstiegsraten während der letzten 2000 Jahre auf höhere Anstiegsraten hin.

Daten aus dem 19. Jahrhundert, also um 1850! und Proxydaten vor 200 Jahren!

Wir haben schon über die Ungenauigkeit dieser Daten geredet. Und damit will man mit „hohem Vertrauen" Anstiegsraten des globalen Meeresspiegels erkennen? Ich hab da so meine Zweifel!

Der mittlere globale Meeresspiegel, geschätzt über den linearisierten Trend von 1901 bis 2010, der auf Pegelstands-Tabellen beruht und zusätzlichen Satelliten-Daten seit 1993, hat sich erhöht um 0,19 (0,17-0,21)m seit 1901.

Also in 92 Jahren ein Anstieg von 0,19 m. 2 mm pro Jahr

Es ist sehr wahrscheinlich, dass die mittlere Rate des Meeresspiegelanstiegs 1,7 (1,5 bis 1,9)mm pro Jahr zwischen 1901 und 2010 lag. Es ist sehr wahrscheinlich das die Anstiegsrate Zwischen 1993 und 2010 höher war als 3,2 (2,8-3,6) mm pro Jahr. Ähnlich hohe Raten könnten zwischen 1920 und 1950 aufgetreten sein. Die Anstiegsrate des GMSL steigert sich vielleicht seit den frühen 1900er Jahren, mit Schätzungen von 0,000 (-0,002 bis +0,002) auf 0,013(-0,007 bis +0,019) mm pro Jahr^2.(3.7, 5.6.3.,13.2)

Kapitel 3.7.

In diesem Kapitel geht es um den Meeresspiegel-Anstieg. Die Beobachtung des Meeresspiegels ist die zeitlich längste Messreihe in der Ozeanmessung. Vom späten 18ten Jahrhundert bis heute. In 4.3.3. und 4.4.2 werden Einschätzungen gemacht wie stark der Beitrag von Gletschern und Eisschilden zum Anstieg ist. In Kapitel 5.3. werden Rekonstruktionen vom Meeresspiegel eingeschätzt, und zwar mithilfe von geologischen Aufzeichnungen. In Kapitel 10.4.3. wird eingeschätzt, wie die Erfassung des Meeresspiegels ist, und wie der Einfluss des Menschen auf selbigen ist. Kapitel 13 bringt alles zusammen und schätzt Prognosen des Meeresspiegels ab. Meeresspiegel Beobachtung hat sich im Laufe der Zeit entwickelt. Es gibt wechselnde Aufzeichnungen von 4 Stellen in Nordeuropa die in den 1700ter Jahren anfangen. Im späten 1800ten Jahrhundert gab es mehr Pegelstandsmessungen in Nordeuropa, an beiden nordamerikanischen Küsten, in Australien und Neuseeland. Im frühen 20sten Jahrhundert wurde angefangen Pegel auf Inseln, weit weg von Kontinenten zu errichten. Aber die Mehrzahl der Inseln, die umgeben sind von Tiefsee, hatten bis zu den frühen 1970er Jahren keine Pegel, die geeignet waren, um Klimastudien damit zu ermöglichen. Pegel messen den kombinierten Effekt von Änderungen des Ozeanvolumens und dem Effekt von vertikalen Landhebungen (VLM). Um klimarelevante Variabilität des Ozeanvolumens zu bestimmen, muss man den Anteil von VLM entfernen. Eine Komponente von VLM, kann bis zu einem gewissen Grad berechnet werden. Das ist die Landhebung durch Gletscherverluste und damit einhergehendem Gewichtsverlust und somit Anhebung der Landmasse (GIA). In einigen Bereichen sind aber diese Landhebungen (VLM) größer als GIA. Die geschieht durch tektonische Aktivität, Grundwasser-Entnahme, Erdölförderung, ... Diese Fehler bei der Meeresspiegel-Erhöhungs-Messung, die durch Landerhöhungen gemessen werden, kann man reduzieren, indem man nur ausgewählte Pegel nimmt, bei denen die Landerhöhungen oder auch Absacken des Landes (durch Tektonik) bekannt sind.

Man kann auch bei den Pegeln nur solche verwenden, bei denen die GIA-Modelle nur kleine Änderungen vorhersagen. Kürzlich wurden GPS-Empfänger an Pegeln installiert, um VLM so genau wie möglich zu bestimmen. Leider sind die Werte dieser Messungen erst seit den späten 1990er Jahren erhältlich. Diese neuesten Werte wurden dann rückwärts in die Vergangenheit extrapoliert. Außerdem wurden sie benutzt, um Pegel ohne VLM zu identifizieren. Satelliten-radar Höhenmessungen der 1970 und 1980er Jahre lieferten die ersten fast globalen Messwerte vom Meeresspiegel. Aber diese frühen Messungen waren höchst unsicher und nur von kurzer Dauer. Die ersten präzisen Daten lieferte ab 1992 die TOPEX/Poseidon-Misssion (T/P). Dieser Satellit und seine Nachfolger (Jason-1, Jason-2) lieferten kontinuierliche Messungen des Meeresspiegels in einem 10Tage-Intervall zwischen dem 66 Breitengrad (Nord und Süd). Zusätzliche Höhenmessungen in verschiedenen Umlaufbahnen (ERS-1, ERS-2, Envisat, Geosat) haben Messungen ermöglicht bis zu 82° (Nord und Süd) und bei verschiedener zeitlicher Beprobung (3 bis zu 35 Tage). Allerdings sind diese Werte nicht so genau wie die T/P Werte und die Werte der Jason-Satelliten. Anders als Pegel, messen Satelliten die Meeresspiegel-Änderungen im Verhältnis zu einem geodätischem Bezugsrahmen. Klassisch ist das ein Bezugs-Ellipsoid in Übereinstimmung mit der mittleren Gestalt der Erde. Diese wird definiert durch einen als richtig eingeschätzten terrestrischen Bezugsrahmen. Deswegen werden diese Messungen nicht von VLM beeinflusst. Es muss trotzdem eine kleine Korrektur von ~-0,3 mm/Jahr addiert werden. Diese Korrektur ist nötig wegen der Änderung des Ozeanbodens wegen GIA relativ zum Bezugsrahmen des Satelliten.

Wenn ich all das lese bestärkt es mich nicht gerade darin, den angegeben +190 mm seit 92 Jahren bzw. 2 mm/Jahr wirklich als gesichert anzunehmen. Ich zeige hier ein Diagramm aus dem Report.

Dieses Diagramm zeigt verschiedene Pegel im IPCC Report

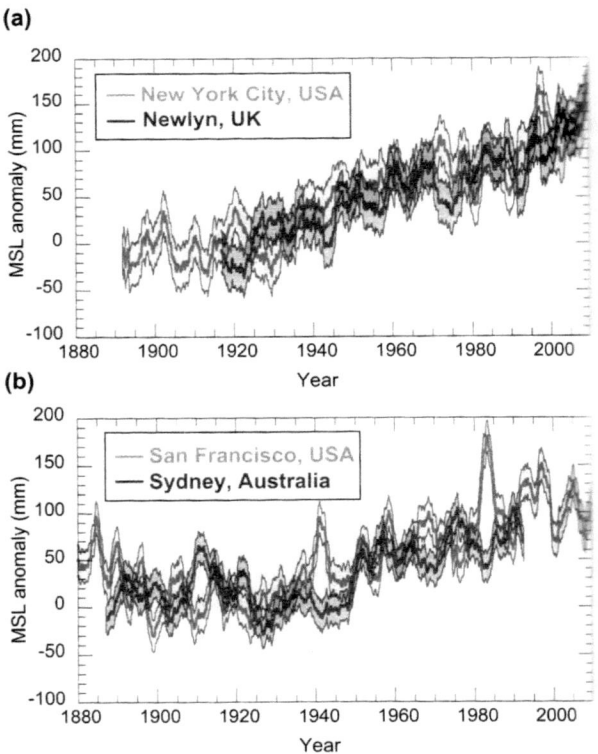

(c)

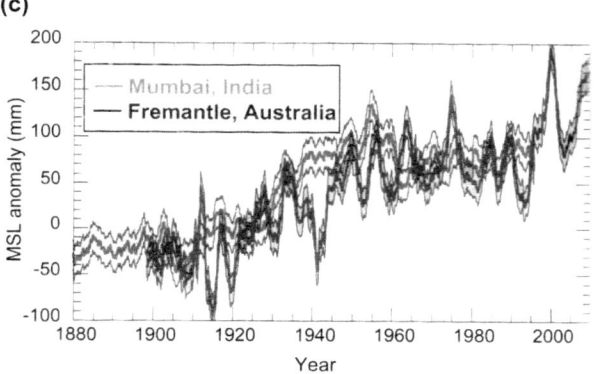

Figure 3.12 | 3-year running mean sea level anomalies (in millimeters) relative to 1900–1905 from long tide gauge records representing each ocean basin from the Permanent Service for Mean Sea Level (PSMSL) (http://www.psmsl.org), obtained May 2011. Data have been corrected for Glacial Isostatic Adjustment (GIA) (Peltier, 2004) using values available from http://www.psmsl.org/train_and_info/geo_signals/gia/peltier/. Error bars reflect the 5 to 95% confidence interval, based on the residual monthly variability about the 3-year running mean.

Reference:

IPCC 2013: Climate change 2013: The Physical Science Basis. Contribution of Working group I to the fifth Assessment Report of the Intergovernmental Panel on Climate Change (Stocker, T.F., D. Qin; G.-K. Plattner, M.Tignor, S.K. Allen, J. Boschung, A. Nauels,, Y Xia; V. Bex, and P.M. Midgley(eds)), Cambridge University Press, United Kingdom and New York, NY, USA

San Franscisco:

Ich habe mir die Mühe gemacht, durch Ausdrucken des Diagramms und manuellen Messen der Maximal-Werte von San Francisco eine Kurve zu erstellen. Mittel-wert von Datenpunkten bis 1899: 61 mm, Standardabweichung: 39 mm; Mittelwert von letzten Datenpunkten von 1993 bis 2008: ~130 mm. Also eine Zunahme von 70 mm in ~100 Jahren. Also 0,7 mm/Jahr

Die restlichen Diagramme nach Augenmaß:

Ort	Jahr	Mittlerer Pegelstand	Jahr	Mittlerer Pegelstand	mm/Jahr
New York	1895	-20	2008	180	1,77
New-lyn,UK	1920	-30	2008	150	2,05
Sydney	1825	-10	1985	90	1,00
Mumbai	1880	-40	2008	160	1,56
Freemantle, Australia	1900	-40	2008	160	1,85

Jährliche Schwankungen: Min-Max 50 mm

Der Mittelwert der jährlichen Änderung liegt bei 1,65 mm/Jahr Also mein Wert für GMSL liegt vielleicht bei 1,6 mm/Jahr. Am Ende wird noch von einer Beschleunigung des Anstiegs des Meeresspiegels gesprochen. Es werden 4 Werte genannt: -0.002; +0,002; -0,007; +0,019 mm/Jahr^2. Also die Beschleunigung des Meeresspiegel-Anstiegs wird positiv eingeschätzt.

Man kann jetzt den Mittelwert bilden: 0,00325 mm/Jahr^2 oder den größten und kleinsten Wert weglassen, das ergibt allerdings 0,000 mm/Jahr^2. In jedem Fall zu vernachlässigen!

Der Meeresspiegel wird im Jahr 2112 laut IPCC circa 16 bis 17 cm höher sein als 2012. Ich kann nicht sagen, ob das wirklich so dramatisch ist, wie in der Presse berichtet wird.

> *TS.2.7. Änderungen bei Extremen*
> *TS.2.7.1. Atmosphäre*
> *Kürzliche Analysen von Extrem-Ereignissen unterstützen die AR4- bzw. die SREX-Schlußfolgerungen (SREX Special Report on Extrem Events). Es ist sehr wahrscheinlich dass die Zahl von kalten Tagen und Nächten abgenommen hat, und die Zahl der warmen Tage und Nächte zugenommen hat auf einer globalen Skala seit 1951 bis 2010.*

Seit den letzten 60 Jahren! Sehr schön: Ich liebe warme Tage und Abende, die ich mit meiner Frau im Garten verbringen kann. Mehr davon!

> *[mittleres Vertrauen] Weltweit hat sich die Länge und Frequenz von Wärmeperioden, inclusive Hitze-Wellen, seit Mitte des 20.Jahrhundert erhöht. Das mittlere Vertrauen in diese Aussage ist geschuldet dem Fehlen von Daten oder Studien aus Afrika oder Südamerika. Trotzdem hat vielleicht ja die Frequenz von Hitzewellen in großen Teilen von Europa, Asien und Australien zugenommen.*

Also langsam wird das peinlich. Das sind doch keine wissenschaftlichen Aussagen: „mittleres Vertrauen",

„vielleicht hat ja die Frequenz von Hitzewellen in Europa zugenommen". Außerdem sagt man, das man nur mittleres Vertrauen in eine Aussage investiert, weil es keine Daten von Afrika und Südamerika gibt. Also man hat noch mittleres Vertrauen, obwohl es keine Daten gibt von etwa einem Drittel der Landmasse der Erde. Also wirklich, nichts aussagen wäre besser! Man braucht harte, handfeste Daten, sonst ist alles nur Geschwurbel! Denn schließlich sind wir in Deutschland auf dem Weg uns wirtschaftlich vollkommen zu ruinieren nur um eine vermeintliche Klimakatastrophe abzuwenden.

Es könnte sein, dass seit den 1950er Jahren die Anzahl von Starkregenfällen über Land in mehr Regionen zugenommen als abgenommen hat.

Lieber Leser lassen sie diesen Satz mal, auf der Zunge zergehen. Sind das noch fundierte Fakten, aufgrund derer man eine Klimakatastrophe postuliert? Was für ein Geschwurbel!

Das Vertrauen in diese Aussage ist am höchsten für Nordamerika und Europa, wo es wohl Zuwächse in entweder der Frequenz oder der Stärke von Starkniederschlags-Ereignisse mit einigen saisonalen und regionalen Unterschieden gegeben hat

Welche Aussage? Oder meint man hier „wo es wohl Zuwächse gegeben hat" Das kann man glauben oder auch nicht.

Es ist sehr wahrscheinlich, dass es Trends zu mehr Starkniederschlags-Ereignisse in Zentral-Nordamerika gibt. Die Aussage, „Ein globaler Trend zu Dürre und Trockenheit ist da", hat nur niedriges Vertrauen, [niedriges Vertrauen], aufgrund von nicht vorhandenen Daten, Beeinflussung durch anderes sowie inkonsistente Geographie in den Daten.

Was hat so etwas Nichtssagendes in so einem wichtigen Report überhaupt zu suchen? Zweifel an den Dürren? Aber klar wenn es keine Daten gibt. So weit ist man schon doch noch Wissenschaftler: Wenn es gar keine Daten gibt, hat man nur niedriges Vertrauen. Das ist schon Satire!

Trotzdem maskiert diese Feststellung wichtige regionale Änderungen, zum Beispiel: Die Intensität und die Frequenz von Dürre haben vielleicht in Mittelmeer-Bereich und Westafrika zugenommen und vielleicht in Zentral-Nordamerika sowie in Nordwest-Australien seit 1950 abgenommen.

Na geht doch, man muss doch seinem Kurs folgen: Also doch Dürren! Man muss ja konsistent bleiben.

[hohes Vertrauen] Große Dürren des letzten Jahrtausends, sowohl in Stärke als auch Dauer, gab es mehr als solche im 20 Jahrhundert in vielen Regionen.

Hab ich das richtig verstanden: „Früher war es schlimmer bei den großen Dürren?"

[mittleres Vertrauen] Es gab mehr Mega-Dürren im
Bereich Monsun-Asien, im Bereich Monsun-Südame-
rika und Trockenheit in Zentralasien in der Zeit der
„kleinen Eiszeit" von 1450 bis 1850 verglichen mit der
Zeit der mittelalterlichen Klima-Anomalie (950-1250)

Also, als es kälter war (kleine Eiszeit) gab es mehr Dürren und Trockenheit, als wenn es wärmer war! Hurra,
wieder eine gute Nachricht!

Original:
Confidence remains low for long term (centennial)
changes in tropical cyclone activitiy, after accounting
for past changes in observing capabilities.
Übersetzung:
Wenn man die Änderung der Beobachtungsmöglich-
keiten in der Vergangenheit berücksichtig, muss man
sagen, dass es nur ein geringes Vertrauen in folgende
Aussage gibt: Es gab Änderungen in der Aktivität von
tropische Zyklonen auf Basis von 100 Jahren.

Also kein Problem mit Zyklon-Häufigkeit!

Trotzdem, seit den 1970er Jahren ist es nahezu sicher,
dass die Häufigkeit und Intensität von Stürmen im
Nordatlantik zugenommen haben, obwohl die Gründe
dafür umstritten sind. [niedriges Vertrauen] Man hat
kaum Vertrauen in die Aussage: Es gibt zunehmende
großräumige Trends von „Stürmen" während des letz-
ten Jahrhunderts. Die Beweise sind unbefriedigend,
ob es sicher ist, dass es Trends von ernsthaften, aber

kleinflächigen schwerwiegenden Wetter-Ereignissen
wie Hagel oder Gewitter gibt.

Also ein schöner Satzbau, aber zusammengefasst: Da gibt's nix!

[hohes Vertrauen] Überflutungen, stärker als gemel-
dete seit dem 20. Jahrhundert, traten auf während der
letzten 50 Jahre in Nord- und Zentraleuropa, der Re-
gion des westlichen Mittelmeers und Ostasien.

Diesen letzten Satz musste ich 5x lesen. Es traten während der letzten 50 Jahre (2010-1960) Überflutungen auf. Das geschah in Nord- und Zentraleuropa, sowie westliches Mittelmeer und Ostasien. Diese waren stärker als solche, die seit dem 20. Jahrhundert gemeldet wurden.

Ich verstehe das nicht ganz. Die letzten 50 Jahre beinhalten doch die Hälfte des 20. Jahrhunderts. Da gab es also insgesamt schon Überflutungen. In den letzten 50 Jahren ist dieses Geschehen stärker geworden. Okay! Gab es also eine Zunahme seit 1960? Wie hoch ist diese Zunahme. Mit welchen Methoden hat man die „Stärke der Überflutung" kategorisiert? Ich habe den Verdacht, (Nord und Zentraleuropa, Japan Philippinen) dass hier Versicherungsschäden herangezogen wurden. Okay, wenn man nichts anderes als Bewertung hat, muss man das wohl machen. Aber durch Bevölkerungswachstum und Zunahme von Wohlstand muss es bei diesen Ereignissen zwangsläufig zu einer starken Zunahme über die Zeit gekommen sein. Das aber macht die Daten, das Klima betreffend, komplett wertlos.

[mittleres Vertrauen] Im Nahen Osten, Indien und Zentral-Nordamerika sind heutige große Überflutungen vergleichbar, oder übertreffen historische Fluten in Ausmaß und/oder Frequenz.

TS.2.7.2. Ozeane
[es ist möglich] Extreme Meeresspiegelereignisse haben seit 1970 zugenommen. Die meisten der Ereignisse „extremer Meeresspiegel-Anstieg" können durch den Anstieg des mittleren Meeresspiegels so erklärt werden: Die Anzahl Ereignisse der Kategorie „Extrem hoher Meeresspiegel" werden reduziert auf „Ereignisse mit 94 % Pegelstand", wenn man einen Anstieg des mittleren Meeresspiegels von 5 mm pro Jahr annimmt. [mittleres Vertrauen].

Den nächsten Satz kann ich nicht mehr übersetzen: Ich habe den englischen Ausdruck "hindcasts" nicht gefunden. Aber ich denke, es geht um die mittlere Wellenhöhe im Nordatlantik. Nördlich des 45sten Breitengrades. Diese hat sich seit den 1950ern im Winter um bis zu 20 cm pro Dekade gesteigert?

There ist medium confidence based on reanalysis forced model hindcasts and ship observations, that mean significant wave hight has increased since the 1950s over much of the north atlantic north of 45°N with typical winter season trends of up to 20 cm per decade

TS2.8. Änderungen im Kohlenstoff-Kreislauf und anderen Biochemischen Kreisläufen
Konzentrationen der atmosphärischen Treibhausgase (GHG) CO_2, Methan, Lachgas (N2O) übertrafen in

2011 den Bereich von Konzentrationen die in Eisbohr-
kernen der letzten 800.000 Jahre gefunden wurden.
Vergangene Änderungen in GHG-Konzentrationen
werden in sehr großer Sicherheit und Vertrauen erfasst,
durch polare Eiskerne. Seit AR4 sind diese Tabellen von
650.000 Jahren auf 800.000 Jahre erweitert worden.
[sehr hohes Vertrauen] Die aktuellen Anstiegsraten von
CO2, Methan und N2O in der Atmosphäre und der
dazugehörige Strahlungsantrieb(RF) sind beispiellos
im Vergleich zu Eisbohrkernen (mit der höchsten Auf-
lösung gemessen) der letzten 22.000 Jahre.[mittleres
Vertrauen] Die Rate der Änderung der GHGs-Anstie-
ge ist auch beispiellos verglichen mit den Eisbohrkeren
(mit der niedrigen Auflösung gemessen) der letzten
800.000 Jahre.[mittleres Vertrauen] In mehreren Pe-
rioden, die durch hohe Konzentrationen von CO2 cha-
rakterisiert sind, war die globale mittlere Temperatur
(GMST) signifikant über dem vorindustriellem Niveau.
Während des mittleren Pliozäns(3,3 bis 3 Mio Jahre)
traten CO2-Konzentrationen von 350 bis 450 ppm auf,
während die GMST 1,9 bis 3,6 °C wärmer war als das
vorindustrielle Klima.

Das ist interessant: Vor 3 Millionen Jahren war auch so viel CO2 in der Luft wie heute, und es war 1,9 bis 3,6 °C wärmer als 1850. Also genauso warm wie heute (1 bis 2 °C) Also ist doch unser heutiges Klima überhaupt nichts Besonderes!

Während des frühen Eozäns (52 bis 48 Millionen Jah-
re) übertraf die CO2 Konzentration 1000 ppm als
die GMST 9 bis 14 °C wärmer war als vorindustriell.

TS.2.8.1. CO2

Zwischen 1750 und 2011 gab es durch Verbrennen fossiler Brennstoffe und durch die Zementindustrie (geschätzt aus Statistiken des Energie und Brennstoff Verbrauchs) einen Emission von 375 (345 bis 405) pg C als CO2.

Da sind Petagramm Kohlenstoff gemeint.

1 Petagramm sind 10 hoch 15 Gramm, also eine Milliarde Tonnen. Also in diesem Zeitraum gab es Emissionen von : 375 (345 bis 405) Milliarden Tonnen Kohlenstoff als CO2. Wenn man bedenkt, dass CO2 nur zu 27 % aus Kohlenstoff besteht ergibt sich eine Menge von realem CO2: ~ 1400 Milliarden Tonnen CO2.

[hohes Vertrauen] Zwischen 2002 und 2011 galten folgender Wert: 8,3 (7,6 bis 9) Milliarden Tonnen Kohlenstoff als CO2 pro Jahr. Steigerung 3,2 % pro Jahr. Dieser Anstieg der Rate von CO2 Emissionen ist höher als in den 1990er Jahren (1 % pro Jahr).
2011: 9,5 (8,7 – 10,3) Milliarden Tonnen Kohlenstoff als CO2.
Sinngemäss weiter: Zwischen 1750 und 2011: Landnutzung (hauptsächlich Abholzung) (abgeleitet von Daten von Landbedeckung und Modellen) hat freigesetzt: 180 (100 - 260) Milliarden Tonnen Kohlenstoff. Emissionen durch Änderung der Landnutzung von 2002 bis 2011 werden dominiert durch Abholzung in den Tropen, und werden geschätzt: 0,9 (0,1 -1,7) Milliarden Tonnen Kohlenstoff. Von den insgesamt 555 PgC die seit 1750 emittiert wurden haben sich 240 Pg in der Atmosphäre akkumuliert (angereichert)

Das ergibt sich aus der CO2 Konzentration von 1750 (273 bis 283 ppm) und 390,5 ppm in 2011. Es geht jetzt weiter mit Aufzählungen. Außerdem noch ein Absatz zur Versauerung des Ozeans, dann noch über Methan und ein Kapitel über Lachgas.

Kapitel 5
Der IPCC-Report
Meine Zusammenfassung

Bevor wir jetzt zu den Kapiteln übergehen, die sich mit der/den Ursache(n) des Klimawandels beschäftigen, ziehe ich über das bereits Besprochene ein Resümee. Dabei nehme ich wieder die Aussagen für die Politiker und stelle diesen die Ergebnisse aus der „Technischen Zusammenfassung" gegenüber. Dann bewerte ich das subjektiv für mich. Meine persönliche Beurteilung definiere ich wie folgt:

Wie stark unterstützen die Aussagen in der „Technical Summary"(technische Zusammenfassung) die Aussagen in der „Summary for Policymakers" (Zusammenfassung für Politiker) den Fakt „Wir haben eine Klima-Katastrophe".

Ich messe die Aussagen mit der Maßgabe, ob sie diese unsägliche Kakophonie der Klimakatastrophe unterstützen. Der Leser persönlich muss bestimmen, ob er die Aussagen als reine wissenschaftliche oder eben, wie ich, als teils politische Aussage beurteilen möchte. Ich denke, jeder sollte für sich das Experiment einer Bewertung der Sachlage vornehmen:

Die Erwärmung des Klimasystems ist zweifelsfrei, und seit den 1950ern sind viele der beobachteten Änderungen beispiellos über Jahrzehnte bis zu Jahrtausenden.

Das stimmt so nicht. Nur wenn man großzügig über Messungenauigkeiten hinweggeht, kann man die Chuzpe haben, so etwas zu behaupten. Aber ich gebe zu, dass wir uns als Menschheit vielleicht sinnvollerweise auf wärmeres Wetter vorbereiten sollten. Das hat die Menschheit schon immer gemacht. Stellt euch auf Veränderungen ein, dann haben wir weiter ein gutes Leben, denn „Hurra es wird wärmer!" Meine Punkte: 1 von 100.

***

Die Atmosphäre hat sich erwärmt

Alles, was ich bisher zusammengetragen habe, lässt mich doch sehr enttäuscht zurück. Wenn man es genau nimmt, gilt nur eines als einigermaßen gesichert: Es wird langsam wärmer und zwar mit etwa 1 bis 2 °C pro Jahrhundert. Das war zu erwarten am Ende einer „kleinen Eiszeit". Auch diese Steigerung der Temperatur ist weder besorgniserregend noch außergewöhnlich. Über einen Zeitraum von 130 Jahren nach dem Ende einer kleinen Eiszeit hat es eine Erwärmung von 0,85 °C innerhalb von 132 Jahren gegeben. Unter der Berücksichtigung von einer Spanne von circa 100 °C auf der Erde und den unterschiedlichen Klimazonen und anderen Unterschieden ist das absolut als normal anzusehen und völlig okay. Das ist keine Katastrophe; im Gegenteil: Eine Erwärmung ist besser und wird der Menschheit helfen!
Meine Punkte: -20 von 100.

***

der Ozean hat sich erwärmt.

Es gibt nur eine quantitative Aussage: Seit 1971 (also seit 40 Jahren) bis Tiefen von 75 m 0,11 °C pro Dekade bei einer Tiefe von 75 bis 700 m 0,015 °C pro Dekade. Bei einer mittleren Tiefe von ca. 3600 m bedeutet 0 – 75 m 1 % und 75 – 700 m 11 % vom Gesamtvolumen. Die gesamte Datenbasis beträgt 40 Jahre. Die genannte Aussage ist einfach nicht tragbar. Viel zu wenig Beweise und Ungenauigkeit für so eine Generalaussage.

Meine Punkte: 0 von 100.

***

Die Menge an Schnee und Eis hat sich verringert.

Die Aussage ist fast mit nichts untermauert. Es gibt erst seit 1967 überhaupt Satellitendaten. Nur die Nordhalbkugel ist einigermaßen gemessen. Daten die zeigen, dass die Permafrostböden auftauen, sind positiv. Mehr Land für Landwirtschaft

Meine Punkte: -10 von 100.

***

Der Meeresspiegel ist gestiegen

Bei der Auswertung der Daten komme ich auf einen Wert von 1,65 mm/Jahr. Also seit 1850 einen Anstieg von 264 mm. Ich denke, dass man das im Auge behalten muss und entsprechende Maßnahmen beim Küstenschutz veranlassen sollte. Ein beschleunigter Anstieg ist nicht in Sicht. Also die gemittelte Beschleunigung des Meeresspiegelanstiegs ist: 0,003 mm/Jahr^2. In 100 Jahren also im Jahr 2124 hätten wir einen 174 mm höheren Meeresspiegel. In 500 Jahren („In the Year 2525") hätte wir einen 1,17 m höheren Meeresspiegel. Also wir haben alle Zeit der Welt uns darauf einzurichten.

Meine Punkte: 0 von 100.

***

die Konzentration von Treibhausgasen ist gestiegen.

Wenn man den Begriff „Treibhausgas" durch CO_2 ersetzt, stimmt die Aussage zu 100 %. Die Intention in dieser Aussage ist aber eine andere. Sie soll im Zusammenhang mit den anderen Werten suggerieren, das CO_2 das „böse Klimagift" ist. Das kann aber nicht sein, weil alles andere, wie wir oben gesehen haben, ganz normal ist. Deswegen: Meine Punkte: -100 von 100

***

B.1 Atmosphäre
Auf der Erdoberfläche ist jede der drei letzten Dekaden nacheinander wärmer gewesen als jede vorherige Dekade seit 1850. Auf der Nordhalbkugel ist die Periode 1983-2012 wahrscheinlich die wärmste 30-Jahre-Periode gewesen der letzten 1400 Jahre.

Na und, nach einer „kleinen Eiszeit" zu erwarten! Meine Punkte: 0 von 100

***

B.2 Ozean

Die Ozean-Erwärmung dominiert den Anstieg an Energiespeicherung im gesamten Klimasystem, verantwortlich für mehr als 80 % der Energie-Akkumulation zwischen 1971 und 2010.(großes Vertrauen). Es ist nahezu sicher, dass der obere Ozean (0 bis 700m) sich von 1971 bis 2010 erwärmt hat, und hat sich wahrscheinlich zwischen 1870 bis 1971 erwärmt.

Banale Aussagen, die von total unsicheren Temperaturdaten abgeleitet sind!

Meine Punkte: 0 von 100.

***

B.3 Kryosphäre (Welt des Eises)

Über die letzten 2 Dekaden hat der Grönland-Eisschild und der Antarkische-Eisschild Masse verloren. Fast weltweit sind die Gletscher weiter geschrumpft. Das arktische Meereis und die Schneebedeckung im Frühling haben auf der Nordhalbkugel weiter und schneller abgenommen (großes Vertrauen).

Aussagen, die nicht die Spur eines katastrophalen Effekts beinhalten. Die globalen Eismassen haben sich im Prinzip nicht geändert. Dies wird hier nicht erwähnt! Einzig der Gletscher-Rückgang wäre bedenkenswert.

Meine Punkte: 10 von 100.

***

B.4 Meeresspiegel
Seit Mitte des 1900ten Jahrhunderts war die Rate des
Meeresspiegel-Anstiegs größer als der Durchschnitt
der vorangegangenen 2 Jahrtausende (großes Ver-
trauen). In der Periode von 1901 bis 2010 ist der glo-
bale Meeresspiegel um 0,19 (0,17-0,21)m gestiegen.

Ich muss mich nicht zu sehr wiederholen. Alles vor meiner Seite gesagt!
Meine Punkte: 1 von 100.

***

B.5 Kohlenstoff- und andere biochemische Kreisläufe
Die atmosphärische Konzentration von CO2, Methan
und nitrosen Gasen haben sich auf Niveaus erhöht, die
beispiellos in den letzten 800.000 Jahren sind. Die
CO2-Konzentration hat sich um 40 % erhöht, ver-
glichen mit der vorindustriellen Zeit. Hauptsächlich
durch die Verbrennung von fossilen Brennstoffen und
zweitens durch die Nutzung von Landflächen, die da-
mit netto mehr Emissionen erzeugt haben. Der Ozean
hat ungefähr 30% des menschengemachten CO2 auf-
genommen, was zur Versauerung geführt hat.

Die Aussage, dass das heutige CO2, Methan, Lachgas-Niveau
beispiellos seit den letzten 800.000 Jahre ist, ist nichtssagend.
Wir leben mit diesen Konzentrationen sehr gut und haben
uns als Menschheit sehr gut vermehrt. (vielleicht zu gut?)
Meine Punkte für die Aussage: 0 von 100.

***

Meine Gesamtpunktzahl bis hierher:
! weniger als Null !
Der IPCC-report No.5 sagt bis zu diesem
Punkt nichts von einer Klima-Katastrophe
aus. Ja nicht einmal ein unnatürlicher, zu
schneller Klimawandel hin zu wärmeren
Klima weltweit kann behauptet werden. Alle
vorgelegten Daten deuten auf einen guten
normalen Trend zu besserem Klima hin.

Kapitel 6
Das Klimagift CO2

Lieber Leser, wenn Sie mir bis hierhin gefolgt sind, „Hut ab". Das war keine leichte Kost. Jetzt wäre es an der Zeit mal eine Pause zu machen. Wir haben uns bisher mit der Vergangenheit beschäftigt und die sieht gar nicht schlecht aus. So weit so gut! Aber Kritiker werden jetzt schäumen und sagen: „Wie kann der Kerl so etwas behaupten. Der hat ja keine Ahnung von dem riesigen Unheil, das uns vom bösen CO2 droht!"

Ja das stimmt! Aber ich habe zunächst auch nur die Daten und Ausführungen der Spezialisten genommen und untersucht in welchem Maß sich die wichtigen Parameter geändert haben. Dabei habe ich nichts Beunruhigendes gefunden; jedenfalls nichts bis zum Jahr 2013. Eine lineare Fortschreibung der gemessenen Trends verheißt gute Zeiten und normalerweise ist es als erste Näherung immer geboten einen einigermaßen linearen Trend zu unterstellen. Denn eine Weisheit des Alltags gilt: Wenn man das Wetter des nächsten Tages voraussagen will, sag erst mal „Es wird so wie heute". Damit liegt man schon mal zu 50 % richtig!

Um jetzt aber eine Katastrophe daraus zu machen, muss man den einfachsten Weg (lineare Fortschreibung) verlassen, und behaupten es gibt etwas, dass wir als Menschheit jetzt tun, dass für die Zukunft Fürchterliches erahnen lässt. Aber ich kann es nur nochmals eindringlich sagen:

Der Anstieg der „Treibhausgas-Emissionen" hat bisher zu nichts Weltbewegendem geführt. Das sagen alle Aussagen, die ich im IPCC-Report bis zur Seite 53 gesehen habe! Also die Beeinflussung des Klimas durch CO2 oder andere Treibhausgase kann nicht bewiesen werden, weil sich das Klima kaum geändert hat.

Wir haben bis hierher erfahren, dass es gar keine Klimakatastrophe gibt, sondern im Gegenteil, wissenschaftlich (von IPCC, Wikipedia, ...) belegt, wir von einer guten Erwärmung ausgehen können. Aber wir haben bisher auch erkannt:

Alle Anstrengungen das Wettergeschehen weltweit vorhersagen zu wollen sind bisher von wenig Erfolg gekrönt. Wir verstehen viele Zusammenhänge zu wenig, um etwa Programme aufzusetzen, um das Klima aktiv beeinflussen zu wollen. In diesem Zustand des Wissens kann blindes Handeln aber auch gewaltig in die Hose gehen Thema: Windräder, oder noch schlimmer aktive globale Beeinflussung der Sonneneinstrahlung durch bewusstes Eingreifen in die Atmosphäre. Auf jeden Fall haben wir alle Zeit der Welt weiter zu beobachten und müssen keinerlei Schnellschuss durchführen um eine „Klimakatastrophe" abzuwenden. Im Gegenteil muss man alle Versuche das Weltklima „positiv" beeinflussen zu wollen, total ablehnen. Mit so wenig Wissen kann so etwas ganz übel schief gehen! Das ist, nach den Daten des „5. Sachstandsbericht des IPCC" nicht nur vollkommen überflüssig, sondern geradezu gefährlich!

Ab jetzt kommen wir in den Bereich der Prognose. Also wir versuchen, einen Blick in die Zukunft zu erhaschen. Altes Sprichwort:

„Prognosen sind deswegen so schwierig, weil sie sich mit der Zukunft befassen".

Warum betreibt denn der Mensch seit Tausenden von Jahren so etwas wie „Naturwissenschaft"? Jetzt werden sie sagen: Hey, das stimmt doch nicht. So lange betreiben wir keine Naturwissenschaft! Wenn man den Begriff aber ein bisschen erweitert, kommt man aber trotzdem zu dem Ergebnis, das die Menschheit sich schon immer mit Naturwissenschaft beschäftigt hat. Denn es geht eigentlich immer um die Frage von Ursache und Wirkung. Also wir kommen jetzt zur großen Überschrift der nächsten Kapitel: WARUM ÄNDERT SICH DAS WETTER?

Was ist die Ursache für die „katastrophalen" Klimaänderungen. Wir haben im ersten Teil schon gesehen, dass es überhaupt keine „katastrophalen" Klimaänderungen gibt.

Aber sei's drum: Wir nehmen mal an, dass an der Behauptung etwas dran wäre!

Wir kommen damit aber zu dem Kapitel, das sich nicht mehr so leicht bearbeiten lässt. Man braucht hier schon etwas Verständnis für Physik, Atome, Moleküle und den ganzen anderen „wissenschaftlichen Kauderwelsch". Ich muss jetzt von meinem Vorhaben abrücken, meine Leser sehr ausführlich über den IPCC-Report zu informieren. In diesem Teil des Buches werde ich ihnen nun erklären, was hinter den „Prognosen" der Klimawissenschaft steckt und werde hier klar erklären wo es sich, meiner Meinung nach, nur um „pseudo-wissenschaftliche" Erkenntnis handelt. Natürlich tue ich das mit einer Begründung, die gerne zu hinterfragen ist. Jeder Leser muss sich dann die Mühe machen, die Argumente derjenigen Wissenschaftler, die behaupten sie können das Klimageschehen der nächsten Jahrhunderte Vorhersagen mit den meinen zu vergleichen. Deren Argumente können sie tagtäglich in allen Medien zu Genüge konsumieren. Ich beschränke mich hier darauf sie öfter kurz zu erwähnen, ohne ins Detail abzugleiten, weil es sonst für Sie langweilig wird. Ich versuche ab jetzt einen kurzen, anschaulichen Abschnitt einzufügen, um scheinbar einfache Dinge zu hinterfragen. Das folgende Kapitel ist leider noch schwieriger zu lesen und zu deuten, weil es sich mit den Ursachen dieser Änderungen, hier speziell die Treibhausgas-Theorie des CO_2, beschäftigt. Ich werde es mir leicht machen und auf einfache fehlende Zusammenhänge und Beweise hinzuweisen.

Zunächst IPCC:
TS.3. Treiber des Klimawandels
TS.3.1 Einführung
Menschliche Aktivitäten haben, und sind dabei die Erdoberfläche und die Atmosphäre zu verändern. Einige dieser Änderungen haben einen direkten oder auch indirekten Einfluss auf die Energiebilanz der Erde und sind demnach Treiber für den Klimawandel. Der Strahlungsantrieb (radiative forcing, RF) ist die Messung der Netto Änderung des Energiegleichgewichts der Erde als Antwort auf externe Perturbation (Störung, Unruhe) mit positiver Änderung des RF, die zu

*Erwärmung führt, bzw. negativer Änderung des RF
die zu Abkühlung führt.*

Das Prinzip, das hier beschrieben ist, ist auf den ersten Blick erst einmal hervorragend. Man kann es mit einem Waagebalken vergleichen.

Man kennt das Prinzip: Last x Lastarm = Kraft x Kraftarm

Wenn man also auf eine Seite ein Gewicht legt, muss man nicht notwendigerweise auf der anderen Seite das gleiche Gewicht legen, sondern man kann auf den anderen Waagebalken ein anderes Gewicht derart platzieren, damit die Waage im Gleichgewicht bleibt. Beispiel: 1 kg Gewicht in einem 1 Meter Abstand vom Drehpunkt, gleicht ein Gewicht von 2 kg in einem halben Meter genau aus.

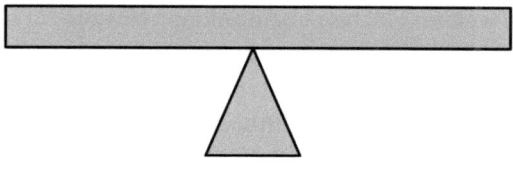

Ein Waagebalken

In der Klimawissenschaft definiert man erst einmal, wie viel Strahlung auf die Erde mitsamt ihrer Atmosphäre in jeder Sekunde auftrifft. Diese gesamte Energie plus der Erdwärme plus der Energie, die man durch Verbrennen fossiler Energieträger frei setzt, muss jetzt auch wieder von der Erde ins Weltall abgestrahlt werden, damit die Erde ihren heutigen Zustand beibehält. Alles, was diese Abstrahlung behindert, wird jetzt als „klimaschädlich" bzw. „klima-erwärmend" eingestuft.

Auf die Erde trifft Strahlung von der Sonne. Diese Strahlung kann man aufteilen in verschiedene Strahlungsarten. Jede Strahlungsart unterscheidet sich in Bezug auf ihre Wellenlänge und damit auch in ihrem Energie-Inhalt. Es gibt kosmische Strahlung, Röntgenstrahlung, UV-Strahlung, sichtbares Licht, Infrarot-Strahlung. Alle diese Strahlungsarten kommen aus dem Weltraum und von der Sonne zu uns auf die Erde. Um diese Energie wieder ins Weltall abgeben zu können, muss die Erde sie entweder erst gar nicht aufnehmen, sprich sie wie ein Spiegel wieder direkt ins Weltall zurückgeben, oder, wenn sie die Strahlung aufgenommen hat, diese in Form von Infrarot-Strahlung ihrerseits wieder abstrahlen. Ein gutes Beispiel ist der Vergleich von hellen weißen Flächen und dunklen schwarzen Flächen. Jeder kennt das. Der dunkle Asphalt wird im Sommer viel wärmer als der Grünstreifen neben der Fahrbahn. Auf der Fahrbahn wird sichtbares Licht besser absorbiert und in Wärme umgewandelt als im Gras nebenan. Der Mond wird auch von der Sonne angestrahlt. Der Mond hat aber keine Atmosphäre. Die gesamte Strahlungs-Energie die er empfängt, muss er auch wieder abgeben. Deswegen erwärmt sich die Mondoberfläche im direkten Sonnenlicht bis auf 130 °C. Der wichtige Punkt in dieser Betrachtung des Strahlungsgleichgewichts der Erde ist, was und wie viel ändert das bestehende Gleichgewicht. Am Beispiel der Wolken kann man, dass ganz gut veranschaulich. Am Tag stören Wolken zunächst einmal die Sonnenstrahlen auf ihrem Weg zur Erdoberfläche, wo sie absorbiert werden. Also ein abkühlender Effekt. Dabei wird aber die Strahlung nur zum Teil direkt reflektiert, es kommt auch zur Absorption und damit zur Erwärmung der einzelnen Wassertröpfchen in der Wolke, also ein erwärmender Effekt; allerdings in der Atmosphäre. Diese wiederum sendet jetzt auch wieder IR-Strahlung in alle Richtungen aus. Also weiter auf die Erdoberfläche, als auch zurück in den Weltraum. Nachts behindern die Wolken die IR-Strahlung von der Erde ins Weltall, und zwar durch den gleichen Effekt wie vorher beschrieben. Ein anderes Beispiel: Dunkle Bereiche auf der Erdoberfläche befördern eine Strahlungsaufnahme z. B. Ackerland, Wasseroberflächen. Helle Bereiche „spiegeln" Strahlung zurück und behindern die Aufnahme. Das Konzept ist zwar gut, aber im Einzelnen doch sehr kompliziert. Die „Gewichte" auf unserer gedachten Wippe, lassen sich vielleicht noch verhältnismäßig genau ermitteln, also wie viel von dem Zustand (Ackerflächen, Schneeflächen, CO2, ...) sind denn im Moment vorhanden. Aber die Eigenschaft, „wie viel „Strahlungsantrieb" (Rf) macht denn eine „Einheit" aus, stelle ich mir schon recht schwierig vor.

Das RF-Konzept ist wertvoll um den Einfluss von individuellen
Agentien (Änderungen, CO2, Landnutzung,...) zu vergleichen, die das
Strahlungsgleichgewicht der Erde beeinflussen.(siehe Box TS.2) mit positivem RF, was zu Erwärmung führt und negativem RF was zu Abkühlung führt. Das RF-Konzept ist deswegen sehr gut geeignet um Einflüsse

auf die GMST von sehr unterschiedlichen Dingen (Albedo, CO2-Konzentration, Landnutzung,...) zu vergleichen in Bezug auf die Strahlungsbilanz der Erde. Die quantitativen Werte, die hier in AR5 vorgestellt werden sind konsistent mit den in den vorherigen Reports (AR4, AR3,.). Trotzdem gibt es einige wichtige Revisionen. (Bild TS.6) Effektiver Strahlungsantrieb (ERF) wird jetzt benutzt um den Einfluss von einigen Variablen (Störgrößen) zu quantifizieren. Das betrifft ein schnelles Justieren auf Änderungen der Atmosphären-Zusammensetzung und Änderungen in der Landnutzung, die in vorherigen Reports im alten RF-Konzept als konstant angesehen wurden. (siehe Box TS.2)
RF sowie ERF werden geschätzt durch den Vergleich der Änderungen von 1750 bis 2011.

In diesem letzten Satz zeigt sich das ganze Dilemma. Dieser Satz ist wirklich entlarvend. Man gibt hier offen zu, dass etwas so wichtiges, wie der „Strahlungsantrieb", auf dem alles andere aufgebaut ist**, geschätzt wird**! Da werden Daten von 1750, von denen es überhaupt keine Aufzeichnungen gibt, geschätzt! Außerdem wird hier nur die Summe aller Änderungen insgesamt geschätzt. Also auf unsere Wippe bezogen:

Eine komplette Seite der Wippe wird als ein Wert betrachtet. Das geht so nicht! Das bringt überhaupt keine Erkenntnis, in dem Bemühen Klima zu verstehen:

„Was löst was aus"? Wie will man da einer Einzelkomponente einen gewissen Wert beimessen?

Dieser Zeitraum wird als industrielle Ära bezeich-
net, und gilt wenn keine anderen explizit erwähnten
Perioden genannt werden. Unsicherheiten, begleitet
von besten Schätzungen, werden für RF und
ERF angegeben.

Hier wird nochmals kundgetan, das man, dass alles nur
schätzt. Unglaublich!

Die Werte repräsentieren einen Bereich von 5 bis 95
% Vertrauensbereich. (8.1; 7.1)

Also bei Schätzwerten auch noch einen Vertrauensbereich anzugeben, halte ich schon für verwegen.

Zusätzlich zum globalen RF oder ERF, spielt die räum-
liche Verteilung sowie die zeitliche Entwicklung des
Strahlungsantriebs, sowie dazu führende Rückkopp-
lungen des Klimas eine Rolle bei der Bestimmung der
möglichen Auswirkung auf verschiedene Klimatreiber.
Änderungen bei der Landnutzung können sich auch
auf das lokale und regionale Klima auswirken, durch
Prozesse, die nicht dem Strahlungstrieb geschuldet
sind. (8.1; 8.3.5,; 8.6)

TS.3.2 Strahlungsantrieb von Treibhausgasen
Menschliche Aktivitäten führen zu Änderungen der
Zusammensetzung der Atmosphäre, entweder direkt,
durch Emissionen von Gasen oder Partikeln, oder indi-
rekt durch Atmosphären-Chemie. Menschliche Emis-

sionen haben zu Änderungen in der Konzentration von
„well mixed greenhouse gas (WMGHG) während der
industriellen Ära geführt.

Historische WMGHG-Konzentrationen sind in der Zeit vor der industriellen Ära durch direkte Messungen und Tabellen von Eisbohrkernen sehr bekannt, und WMGHG-Strahlungsantriebs-Eigenschaften sind auch sehr bekannt.

Wenn das alles so bekannt ist, warum wird es in diesem wichtigsten Report mit keiner Silbe erwähnt? Es wäre doch schön, mal die Strahlungsantriebs-Eigenschaften der einzelnen Komponenten, wie z. B. CO_2, oder Schneeflächen, Wasserflächen mal hier zu benennen. Vor allen Dingen auch: **Wie wurden sie gemessen?**

Dadurch ist es möglich Berechnungen von RF, die von diesen WMGHG ausgehen zu berechnen. Es ergeben sich eng begrenzte Werte (Bild TS.6).

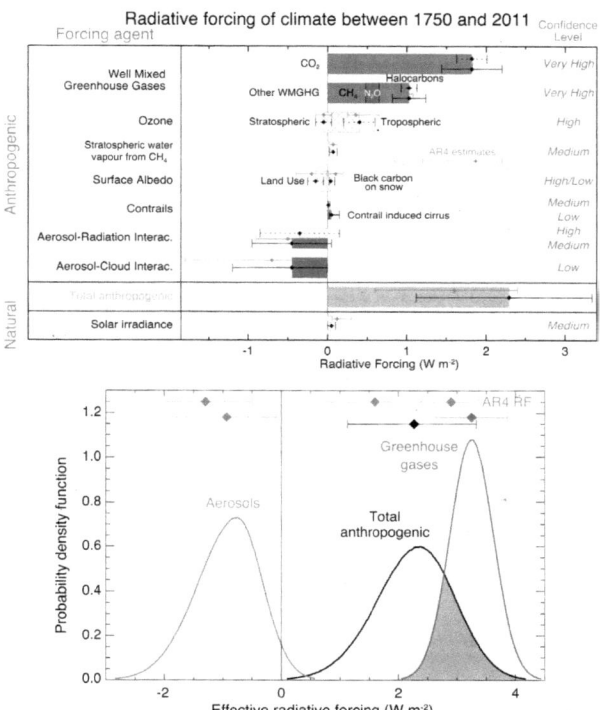

Figure TS.6 | Radiative forcing (RF) and Effective radiative forcing (ERF) of climate change during the Industrial Era. (Top) Forcing by concentration change between 1750 and 2011 with associated uncertainty range (solid bars are ERF, hatched bars are RF, green diamonds and associated uncertainties are for RF assessed in AR4) (Bottom) Probability density functions (PDFs) for the ERF, for the aerosol, greenhouse gas (GHG) and total. The green lines show the AR4 RF 90% confidence intervals and can be compared with the red, blue and black lines which show the AR5 ERF 90% confidence intervals (although RF and ERF differ, especially for aerosols). The ERF from surface albedo changes and combined contrails and contrail-induced cirrus is included in the total anthropogenic forcing, but not shown as a separate PDF. For some forcing mechanisms (ozone, land use, solar) the RF is assumed to be representative of the ERF but an additional uncertainty of 17% is added in quadrature to the RF uncertainty. (Figures 8.15, 8.16)

Reference:

IPCC 2013: Climate change 2013: The Physical Science Basis. Contribution of Working group I to the fifth Assessment Report of the Intergovernmental Panel on Climate Change (Stocker, T.F., D. Qin; G.-K. Plattner, M.Tignor, S.K. Allen, J. Boschung, A. Nauels,, Y Xia; V. Bex, and P.M. Midgley(eds)), Cambridge University Press, United Kingdom and New York, NY, USA

Werter Leser

Schauen sie sich dieses Bild genau an. Hier wird behauptet, dass CO_2 einen „Strahlungsantrieb" (RF) von 1,8 (1,65 bis 2,0) Watt/m^2 hat. Hier wird nichts darüber gesagt, wie viel CO_2 denn diesen RF erzeugt. Dieser Wert ist das Produkt aus Konzentration multipliziert mit dem Wert der Eigenschaft. Die Konzentration kann man vielleicht noch einigermaßen genau mit Eisbohrkernen ermitteln. Aber was ist mit dem Wert der „Eigenschaft"? Also was macht eine Zunahme von 150 ppm CO_2 **alleine für sich** in der Atmosphäre aus. Das ist ein sehr wichtiger Wert, denn nur der beschreibt eine „Eigenschaft" des Moleküls. Rückkopplungen (Beispiel: Durch Temperaturerhöhung steigt auch der Wasserdampfgehalt in der Atmosphäre) werden dann in den Modellen durch Mathematik und Iterationen berücksichtigt. Sie müssen aber bei diesem Basiswert außer Acht bleiben. Dass was hier gemacht wird, ist eine vorweggenommene Verurteilung des CO_2. Man weiß praktisch nichts über das Weltklima im frühen 1900ten Jahrhundert. Das Einzige was man weiß, dass es wohl weniger CO_2 in der Atmosphäre gab. Alles andere ist unbekannt bzw. nur recht ungenau zu ermitteln. Alle Änderungen seit damals, werden wohl mit einem geschätzten Prozentsatz dem CO_2 Anstieg von 150 ppm angelastet. Soweit mir bekannt, wird behauptet, dass das CO_2 mit ca. 60% die Hauptlast zu dem „Verbrechen der Erwärmung" beiträgt. Einmal „geschätzt", wird mit viel Mathematik dieses dreiste Verhalten dann auch noch untermauert. Die einfache Tatsache, dass CO_2 Absorptionsbanden in Infrarot-Bereich hat, genügt hier schon, um es schuldig zu sprechen. Das hat mit seriöser Wissenschaft nichts mehr zu tun. Das ist einfach nur Irre, wie hier mit Wissenschaft Schindluder getrieben wird!

Es gibt keinen signifikanten Wechsel in unserem Verständnis des Einflusses von WMGHG. Daher gibt es relativ zu AR4 nur Änderungen, die auf die erhöhte Konzentration derselben zurück zu führen sind. Die beste Schätzung für ERF von WMGHG ist gleich der Schätzung von RF, aber der Unsicherheitsbereich ist doppelt so hoch, bedingt durch kaum verstandenen (poorly constraint) Wolken-Rückkopplung.

Also man behauptet, alles verstanden zu haben. Was für eine Überheblichkeit!

Dazu sagt man noch, dass die Unsicherheit in den Werten nur daher kommt, dass man „das mit der Wolkenrückkopplung" noch kaum verstanden hat. Aber der Rest ist ganz klar? Um es hier mal deutlich zu sagen: Diese Leute bräuchten dringend etwas mehr Demut und weniger Selbstbewusstsein.

Auf Grund von hoch-qualitativen Beobachtungen ist es sicher dass zunehmende Belastungen der Atmosphäre mit WMGHG, speziell CO2, resultiert haben in einer weiteren Zunahme von ihrem RF von 2005 bis 2011. Basierend auf Konzentrations-Änderungen kann man sagen, dass der RF von allen WMGHG in 2011 ist 2,83 (2,54 bis 3,11) W/m² (sehr hohes Vertrauen) Das ist ein Anstieg seit AR4 von 0,2 (0,18 bis 0,22)W/m². Wobei die Fülle der Änderung durch den Anstieg des CO2 verursacht wurde, seit 2005. Der industrielle Ära-RF von CO2 alleine ist 1,82(1,63 bis

2,01) W/m². Über die letzten 15 Jahre war CO2 der dominierende Teil des Anstiegs in RF der gesamten WMGHG. Der RF von CO2 hat eine Wachstumsrate von etwas weniger als 0,3 W/m² pro Dekade. Die Unsicherheit in WMGHG-RF ist teilweise bedingt durch die unsicheren Strahlungseigenschaften, aber hauptsächlich dadurch, wie man die Rückstrahlung durch Wolken in die Berechnung einbeziehen will. (2.2.1, 5.2, 6.3, 8.3,8.3.2., Tabelle 6.1.)

Nach einer Dekade von annähernder Stabilität hat der kürzliche Anstieg der Methan-Konzentration zu einem höherem (enhanced)RF (+2%) im Vergleich zu AR4 geführt. Von 0,48 zu 0,53 W/m². Es ist sehr wahrscheinlich, dass der RF von Methan jetzt größer ist, als jener von allen Halogen-Kohlenwasserstoffen zusammen. (2.2.1, 8.3.2.) Lachgas (N2O) in der Atmosphäre hat seit AR4 um 6% zugenommen. Das hat mit 0,17(0,14 bis 0,20) W/m² beim RF beigetragen. Lachgas-Konzentrationen (sind da alle Stickoxide gemeint?) steigen weiter während die von Difluor- Dichlor-Methan (CF2Cl2), dem drittgrößten WMGHG-Mitwirkenden seit mehreren Dekaden abnehmen, bedingt durch das Minimieren der Emissionen (Montreal Protokoll). Seit AR4 nimmt Lachgas den dritten Platz in der Rangliste der größten WMGHG-RF ein.

Im Original geht es jetzt weiter mit verschiedenen Fluor-Chlor-Kohlenwasserstoffen. Deren RF nimmt ab wird aber kompensiert durch den zunehmenden RF von HCHFC-22. Es gibt eine Abnahme des RF aller FCKW. Das kurzlebige GHG Ozon (O3) und stratosphärischer Wasserdampf trägt zum menschengemachten RF bei. Beobachtungen weisen auf eine (vielleicht) Zunahme

von Ozon in vielen ungestörten (background) Loca-
tions während der 90er Jahre. Dieses Zunehmen ist
weiter gegangen hauptsächlich über Asien (obwohl
dies nur eine Beobachtung nur an einem begrenzten
Bereich da war). Über Europa hat es sich abgeflacht
seit der letzten Dekade. Der totale RF bedingt durch
Ozon ist 0,35 (0,15 bis 0,55) W/m² (hohes Vertrauen)

Kapitel 7
Freispruch für CO2

Ich höre jetzt auf die „Technische Zusammenfassung"
weiter zu übersetzten. Ich habe versucht meine Zweifel
auszuräumen, und habe zu Hause einen Testaufbau „gebastelt". Der Aufbau sieht nicht sehr professionell aus,
aber ich wollte nicht viel Geld in diesen groben Test ver-
schwenden. Das kann man an dem Bild erkennen. Ich
wollte aber auch nur einen Grobversuch machen, wie viel
RF denn reines 100%iges CO2 erzeugt. Damit wollte ich
meine eigenen Zweifel ausräumen. Ich habe zwei Behälter gebaut. Habe beide mit Thermometern bestückt und
draußen in meinem Garten der normalen Sonnenstrahlung ausgesetzt. Einen der beiden Behälter haben ich mit
reinem CO2 (100 %) befüllt. Dann habe ich 2 Tage lang
die Temperaturen der beiden Behälter gemessen und
verglichen. Ich habe keinen Unterschied feststellen können. Es gab bei nahezu 100 % CO2 in dem einen Turm
keinen Temperaturunterschied zum Vergleichsturm,
der nur mit normaler Luft gefüllt war. Wenigsten einen
kleinen Unterschied hätte ich erwartet. Aber Pusteku-
chen, überhaupt nichts.

Doch einem gab es! Das Gras in dem CO2-Behälter
ist exorbitant schneller gewachsen!

Mein Versuch

Nach diesem Desaster habe ich im Internet gesucht, wo solche Versuche schon einmal gemacht wurden, um dort brauchbare Werte zu finden. Ich wurde fündig:

Zuerst ein Video von einem Versuch, den Hoimar v. Ditfurth und Volker Arzt wohl so um 1978 gemacht haben. Hier kann man das Video finden.

Youtube/watch?v=Iw8HrcvFENU

Es soll den schädlichen Einfluss des CO_2 auf das Klima beweisen. Das habe ich mir sehr gut angesehen und, so gut es eben möglich war, auch ausgewertet. Erst mal ist der Versuch natürlich mit Showeffekt ausgestattet. Aber bei aller Effekthascherei, hätte man solch einen Versuch nicht mit Studio-Scheinwerfern durchführen sollen, sondern draußen, direkt mit natürlicher Sonnenstrahlung. Dann hätte man niemanden in diesen Behälter stellen sollen, um die Ergebnisse nicht noch unsicherer zu machen. Von Ditfurth steht in einem Behälter in einer CO_2 Atmosphäre von geschätzt 40Vol% CO_2. Die Ergebnisse werden dadurch nur noch ungenauer. Außerdem sollte man eine vorabgewählte Menge CO_2 in den Behälter einfüllen und danach das CO_2 abstellen, warten und beide Temperaturverläufe mitschreiben, bis man erkennt, dass sich nichts mehr ändert. Dann könnte man zumindest einigermaßen den RF-Wert von CO_2 bestimmen. All das wurde nicht gemacht. Der Temperaturanstieg belief sich auf ca. 13 °C. Ich habe trotzdem versucht, dem Versuch etwas Erkenntnis abzugewinnen. Meine Auswertung ergab einen RF-Wert von circa 2,8 W/m^2 für eine Konzentration **von 10.000 ppm**. Dasselbe gilt für den Versuch des Herrn Quaschnig, den sie auch im Internet finden können. Auch hier unmöglich etwas nachzuvollziehen. Der RF ergibt sich hier zu circa 0,01 W/m^2. Meinen eigenen Versuch konnte ich nicht auswerten, weil ich gar keinen Temperaturunterschied messen konnte.

Fazit:

Solange der „Treibhauseffekt" von CO2 nicht wissenschaftlich einwandfrei ausgemessen ist, gilt für mich: Es gibt den „Treibhauseffekt" überhaupt nicht!

Mein Versuch: 0,00 W/m^2 radiative forcing pro % CO2 (also 10.000 ppm) in der Atmosphäre

V. Ditfurth-Versuch von 1978:

2,82 W/m^2 radiative forcing pro % CO2 (also 10.000 ppm) in der Atmosphäre.

Das würde bedeuten, dass die Zunahme von 280 ppm auf heutige 440 ppm, also

160 ppm zusätzliches CO2, einen RF-Wert von 0,045 W/m^2 ausmacht.

Versuch von Prof. Quaschnig:

0,007 W/m^2 radiative forcing pro % CO2 (also 10.000 ppm) in der Atmosphäre

Das würde bedeuten, dass die Zunahme von 280 ppm auf heutige 440 ppm also

160 ppm zusätzliches CO2 einen RF-Wert von 0,0001 W/m^2 ausmacht.

Fazit der ganzen Mühe:

Weder die Protangonisten eines menschgemachten Klimawandels, geschweige denn ich als Skeptiker, können den Treibhauseffekt des CO2 durch irgendeinen Labortest in der behaupteten Größenordnung (~2 Watt/m^2) nachweisen. Das CO2 ist unschuldig. Die Klimawissenschaft muss weiter nach einem „Schuldigen" suchen oder eben durch einen nachvollziehbaren praktischen Versuch den Treibhauseffekt des CO2 wissenschaftlich beweisen, quantitativ belegen, und in der Wissenschaft zur Diskussion stellen. Nur so geht Wissenschaft! Alles andere ist Hokus-Pokus und Aberglaube!

Leider ist allerdings die tragische logische Konsequenz aus dieser Erkenntnis:

Es entfällt die Grundlage für diese ganze hirnrissige „Energiewende" bzw. „Große Transformation"

Lassen sie mich hier am Ende des Buches noch einmal zusammenfassen:

Es gibt keine Klimakatastrophe!

Es gibt einen, soweit wir wissen, ganz normalen Klimawandel, der sogar langfristig für die Menschheit gut sein wird!

Was wir wirklich anpacken könnten ist Folgendes:

Langfristig: Eine „Vorratshaltung für Süßwasser" organisieren um bei weiterem Abschmelzen der Gletscher vorbereitet zu sein. (100 - 200 Jahre)

Langfristig: Eine „Ertüchtigung von Küstenschutz-Maßnahmen" (100-200 Jahre)

Dazu muss die Klimawissenschaft wieder auf den Boden von wissenschaftlichem Arbeiten gebracht werden. Damit ist gemeint:

Nach dem „Aufstellen einer Behauptung" diese genau und gründlich durch wissenschaftlich durchgeführte Versuche als gesicherte Erkenntnisse zu etablieren. Wenn man dem CO2 einen Effekt beimessen will, so muss man diesen Effekt exakt belegen, quantitativ messen und ihn dann veröffentlichen, um ihn auch von anderen Wissenschaftlern verifizieren zu lassen. Ableitungen aus wissenschaftlichen Tatsachen, wie etwa der Absorption im IR-Bereich, reichen hierfür nicht aus. Wärmeübergänge und damit Energietransport-Phänomene sind zu komplex, um sie derart zu vereinfachen.

Anhang

Werter Leser, wenn sie jetzt denken, dass ich ein Verfechter des „immer so weiter bin" muss ich sie leider etwas enttäuschen. Deswegen habe ich mich entschlossen, einen Anhang zu formulieren, um auch einen positiven Ausklang am Ende einer herben Kritik zu ermöglichen.

Es wäre natürlich für uns Menschen auch nicht schlecht, sich wirklich mal mit dem „Umstellen" auf „Regenerative Energie" zu beschäftigen. Hier hat es in den letzten Jahrzehnten technischen Fortschritt gegeben, aber die langfristige Planung ist einfach nur absolut dilettantisch und lausig. Woran mache ich das fest: Der beste Lehrmeister für uns Menschen war bisher die Natur. Dabei muss man auch erkennen, dass diese Natur uns nicht freundlich gegenübertritt. Sie ist gegenüber allem Leben strikt neutral. Es gibt einen Wettkampf Tag für Tag überall in der Natur auf diesem Planeten. Das Leben ist eben kein Ponyhof.

Wir sind viel zu viel Menschen auf dem Planeten!

Wir verdrängen langsam aber sicher alles andere Leben auf dem Planeten! Es wird von Artenschutz geredet, aber kaum einer greift den Begriff Überbevölkerung auf. Natürlich kann man daran kurzfristig nichts ändern, aber langfristig müssen die Geburtenraten sinken. Rezepte dafür kann man eventuell aus der Vergangenheit ableiten. Je mehr Bildung eine Gesellschaft hat, und je mehr auch Frauen ein Mitspracherecht eingeräumt wird, desto geringer die Geburtenrate. Ein Rückführen der Erdbevölkerung auf vielleicht 6 Milliarden Menschen innerhalb der nächsten 200 Jahre ist bestimmt kein leichtes, einfaches Unterfangen und trägt sehr viel gesellschaftlichen Sprengstoff in sich, aber ich denke, hier sollten wir vorangehen, vordenken und Allianzen suchen. Das wäre lohnenswert!

Wir brauchen eine Rückbesinnung auf das Wesentliche!

Ich vergleiche das menschliche Leben gerne mit einem guten Eintopf! Dabei muss dieser „Eintopf" erst mal nahrhaft und gesund sein. Er muss möglichst vielseitig sein mit allen lebenswichtigen Zutaten. Das allein reicht aber nicht. Ein solcher „Eintopf" stellt zwar die bei weitem wichtigsten Ingredienzen bereit, aber wenn er nicht gewürzt ist, schmeckt er nur fade und muss notgedrungen gegessen werden. Ein Genuss ist das nicht! Genauso verhält es sich mit unserem Leben. Was wäre das Leben ohne Empathie, Spaß und Emotionen. Wir alle wissen, wie wichtig diese Werte für uns im Leben sind. Aber Vorsicht! Durch zu viel „Gewürz" kann man den „Eintopf" des Lebens auch ungenießbar machen. Man kann auch „die Suppe total versalzen". Dann wird auch das Leben „ungenießbar". Deswegen Vorsicht bei überschäumenden Emotionen! Wir brauchen als Nation gemeinsame Werte und auch Traditionen. Wir helfen gerne anderen, lassen uns aber nicht so gerne übervorteilen. Wir sind gutgläubig und vertrauensvoll, aber wir sollten soweit einen klaren Verstand haben, dass wir eben nicht die ganze Welt retten können; und zumal am Ende dieses Buches:

Wovor wollen wir sie denn eigentlich retten?

Ist das nicht totaler Hochmut, wenn wir glauben, wir wissen, wie das Klima zu sein hat. Was bilden wir uns eigentlich ein. Der Anfang des Zeitalters der Aufklärung, in dem der Mensch langsam gelernt hat versuchsweise einmal seinen logischen Verstand einzusetzen, ist erst circa 400 Jahre her. Davor herrschten Dogmen und „kanalisiertes Denken". Kaum haben wir das hinter uns, haben ein wenig Erkenntnis erhascht, glauben wir alles zu wissen und spielen uns als quasi gottgleiche Wesen auf, die alles wissen. Gott weiß alles, aber wir Menschen meinen „Wir wissen alles besser"!

Die Menschheit verbraucht viel zu viel Energie!

Das ist ein Trugschluss. Die Sonne schickt in einer Stunde so viel Energie, wie die Menschheit in einem Jahr verbraucht. Also gibt es Energie im Überfluss. Deswegen ist es prinzipiell richtig die aktuelle Sonnenenergie und deren „Folgeprodukte" (Wind, Wasserkraft, ...) für unseren Energiehunger zu nutzen. Energie führt nun mal dazu, dass wir ein angenehmeres Leben haben können. Allerdings trifft diese Energie nicht gleichmäßig auf der Erde ein. (Tag, Nacht, Sommer, Winter, verschiedene Klimazonen, Wolken, Windflauten). Was wir brauchen, ist aber eine zuverlässige Energieversorgung 24h/365 Tage im Jahr für Elektrizität, Heizenergie und Mobilitäts-Energie. Wir Menschen brauchen Verlässlichkeit! Wir haben das heute schon: Fossile Energieträger! Alle diese Energieträger (Kohle, Gas, Öl) sind nichts anderes als gespeicherte Sonnenenergie vergangener Erdzeitalter.

Warum produzieren wir nicht einen global handelbaren Energieträger mit der heutigen Sonneneinstrahlung.

Das Wichtigste: Er muss langzeit-speicherfähig (verlässlich), und erschwinglich für alle sein.

Fragen wir doch einfach die Natur. Wie hat sie das Problem gelöst?

Alle Lebewesen, ob Tier oder Pflanze, legen ihre Energievorräte in stofflicher Form an. Bei den Pflanzen ist dieser Stoff die Glukose. Seit 500 Millionen Jahren Evolution hat die Natur nicht viel anderes entwickelt. Obwohl die Natur Elektrizität kennt und nutzt (Zitteraal, unser Gehirn, ...), bevorzugt sie doch einen stofflichen Speicher zur Speicherung von Energie. Das muss doch einen Grund haben! Die Natur ist neutral und logisch beim Optimieren ihrer Lebewesen.

Es gibt keinen Baum mit einer Batterie im Boden, um Energie zu speichern!

Schauen wir uns doch mal unsere heutigen Anstrengungen in Deutschland an. Wir produzieren heute schon viel Energie „erneuerbar". Strom aus Windkraftanlagen, Strom aus Solaranlagen, Strom aus Wasserkraft, Strom aus Biomasse. Allen ist aber gemein, dass ihnen die Speicherfähigkeit fehlt. Wasserkraft und Biomasse ausgenommen. Wobei ich Biomasse herausnehmen möchte, weil ich denke, dass Lebensmittel einfach zu schade sind, um in profanen Strom umgewandelt zu werden. Das ist modern ausgedrückt: „Downgrading".

Worüber denken wir nach? Was ist im Moment der „neueste Modetrend im Zirkus der Energiewende"? Mithilfe von Strom Wasserstoff herstellen! Das ist ja gut, aber auch eben nur halb zu Ende gedacht. Gleichzeitig wollen wir mit CCS-Technologie das CO_2, das aus den Gas- bzw. Kohlekraftwerken austritt, im Boden ablagern. Für beide Schritte braucht man wieder Energie. Wasserstoff muss verdichtet werden um wirklich als Speicher nutzbar zu sein. CO_2 muss erst mal aus dem Kraftwerksabgasen herausgefiltert werden, verdichtet und transportiert werden. Dadurch verbraucht man auch wieder Energie. Und dann? Dann schmeißt man das Zeug weg. **Das ist doch wiederum erneuter Irrsinn!**

Ich komme zurück auf den Anfang des Buches. Mit den beiden Stoffen CO_2 und Wasserstoff kann man Methanol machen. Die Technik ist ca. 100 Jahre alt und wird im Moment im Maßstab von Millionen von Tonnen jährlich angewendet. Wissen die Leute im Wirtschaftsministerium oder auch im Umweltministerium das nicht?

Hier mal ein kleines Bild, das ich immer benutze, um den Menschen zu zeigen, wie ähnlich dieser Prozess zum natürlichen Prozess des Lebens ist.

Grundlage allen Lebens auf der Erde ist die Photosynthese der Pflanzen

CO_2 + Wasser + Sonnenlicht = Biomasse + Sauerstoff

Grundlage der Energiewirtschaft auf der Erde sollte die „Solarsynthese" werden

CO_2 + Wasser + Sonnenlicht = Methanol + Sauerstoff

Und genauso wie in der Natur entsteht beim Verbrauch des Methanols nur wieder Wasser und CO_2. Wenn man das global politisch geschickt anstellt, ist das ein Weg, der ins Optimum führt. Kommen wir auf die deutsche Energiewende zurück:

Mittlerweile merkt man, dass das mit dem Speichern von elektrischer Energie doch nicht so einfach ist. Man vertraut wieder auf die Wissenschaft, dass diese wohl die „beste Batterie aller Zeiten" entwickeln wird. Wir sind mittlerweile bei der Lithium-Ionen-Technologie angelangt. Diese Batterien haben im Gewichtsvergleich, also „wie viel Gewicht muss ich mitschleppen, um eine bestimmte Menge an Energie dauernd zur Verfügung zu haben?" eine Leistung die etwa 5-10 % der Energie enthält, die ein Liter Benzin enthält. Und jetzt schauen sie sich das „Periodensystem der Elemente" (leicht im Internet zu finden) an. Lithium steht oben links an dritter Stelle. Welche Elemente kommen noch vor Lithium? Helium und Wasserstoff! Welches Element ist noch leichter, um damit eine Batterie, wie wir sie kennen, zu bauen? **KEINES!!**

Die Natur weiß schon, was vernünftig ist! Also, es ist ein hoffnungsloses Unterfangen überhaupt in den Bereich der Energiedichten von fossilen Brennstoffen mit Batterien zu gelangen. Trotzdem versuchen wir es unentwegt.

Das meine ich damit, wenn ich sage: **„Schaut doch einfach in die Natur!"**

Vielen Dank für Ihre Aufmerksamkeit!

Einschub: Eine kurze Erklärung von Vollaststunden bei den Windrädern:

Ein Jahr hat 8760 Stunden. Wenn man also ein Windrad mit einer Leistung von 5 MW (5000 kW) das ganze Jahr laufen lassen könnte, könnte man 43,8 Millionen kWh Strom erzeugen. Aber dieses Windrad erzeugt je nach

Windverhältnissen von 0 – 100 % je Stunde. Mal 0 kWh weil totale Flaute, dann wieder 10, 20 80, oder auch 100 % bei optimalen Windverhältnissen. Man rechnet jetzt die Einzelstrom-Mengen jeden Tages in einem Jahr zusammen. Das ist die Gesamtmenge an Strom, die dieses Windrad geliefert hat. Jetzt teilt man diese Gesamtmenge durch die theoretisch mögliche Menge, die dieses Windrad erzeugen könnte (im obigen Beispiel 43,8 Millionen kWh). Diesen Wert, der immer kleiner als 1 ist, kann man als „Erntefaktor" bezeichnen. Multipliziert man diesen Wert mit 100, so erhält man eine Prozentzahl, die entweder als Wirkungsgrad des Windrades bezeichnet werden kann; allerdings nur zusammen mit dem Standort und den dortigen Windverhältnissen. Man kann den „Erntefaktor" auch mit 8760 Stunden multiplizieren. Dann erhält man einen Wert, den man „Volllaststunden" bezeichnet. Er sagt nichts anderes als „In diesem Jahr hat dieses Windrad im Durchschnitt so viel Strom erzeugt", als wenn es xx Stunden immer unter Volllast gelaufen wäre.

Beispiel: Ein 5MW-offshore Windrad erzeugt in einem guten Jahr 24.832.512 kWh Strom. Der „Erntefaktor" ist jetzt 24.832.512 kWh/43.800.000 kWh = 0,567

Multipliziert mit 100 ergibt 56,7%. Das ist jetzt der Wirkungsgrad der gesamten Installation, also Windrad inclusive Standort mit den Windverhältnissen wie sie in diesem Jahr dort waren. Multipliziert man den „Erntefaktor" mit 8760 ergibt das 4967 „Volllaststunden".

Anderes Beispiel: Ein 5MW-Onshore-Windrad erreicht in einem Jahr 1980 Volllaststunden. Das sind dann 22,6% von 8760 Stunden, die ein Jahr hat. Welche Menge Strom hat es dann in diesem Jahr geliefert. Ergebnis: 9,9 Millionen kWh.

Hartwig Sendner, geboren 1952, wuchs in Frankfurt/Main auf. Nach Abschluss seiner Lehre als Chemielaborant studierte er an der FH in Darmstadt „Chemische Technologie". Persönliche Gründe führten ihn nach Niedersachsen, wo er fast 40 Jahre bis zu seinem Renteneintritt in einer Firma der chemischen Grundstoff-Industrie arbeitete.